「古川流」戦略的学級経営

学級ワンダーランド計画

古川光弘 著

黎明書房

まえがき

　私の1年間の学級づくりは,「学級ワンダーランド計画」という一言に集約できます。
　「ワンダーランド」とは,「不思議の国」「おとぎの国」といった意味です。
　教室を不思議な空間, おとぎの空間にしよう！というのが,「学級ワンダーランド計画」です。
　若い時は, 学校の実務をあれこれと学び, 確実に実行していくことは, 言うまでもなく大切です。
　しかし, それ以外にも若い時だからこそできる, 若い時にしかできないこともあります。第三者から見ると少々"冒険的実践"を, 子どもたちのために具現化する熱い志と実行力を, 私たちは持たなくてはならないのではないでしょうか。
　学校を意外性に満ちた楽しい場所にしたいと思います。子ども達が, こんなこともできるのかと思い, ワクワクしながら登校できるようなそんな場所にしたい, 教室が, 意味のあることばかり学ぶ場でなくて, それほど大切ではないことも, つまらないことも一緒に勉強できる, そんな不思議な場所にしたいと, いつも思っています。
　そのためには, 授業にも学級経営にも思い切った挑戦が必要です。
　若い時期は一度しかありません。しかもあっという間に終わってしまいます。
　私の大好きな野村克也元プロ野球監督は, 次のようにおっしゃっています。

　　ある時期, 寝ても覚めても野球のことばかり考えていなければならない「基礎づくり」の時期がある。（野村克也著『野村の極意』ぴあ）

教育も同じなのです。ある時期、寝ても覚めても教育のことばかり考えていなければならない「基礎づくり」の時期があると私も思います。私にとっては、2年目から7年目ぐらいまでの5年間は、特にそんな感じでした。

実践記録一つとっても、書いて書いて書きまくりました。3年目に6年生を担任した時、1年間の歴史授業の全てを録音しました。そして、そのテープを起こして授業記録として残しました。

全部でB4用紙50枚をはるかに超えました。テープ起こしをして授業記録として残す習慣は、その後も続いていきます。私の授業の足腰はこのころに鍛えられたと思っています。

さらに私の過去の学級には"古川学級伝説的行事"と呼ばれるいくつかのイベントがあります。

本書でも紹介していますが、「我慢比べだ、汗かき大会」や「ラーメンを盛大に食べよう会」のようなイベントです。

今のような時代、このような「馬鹿げたフェスティバル文化」（金森俊朗氏）を実行することが、なかなかできません。

しかし、あえて若い時は、無理を承知でこのような体験をしてみることも大切なことのように思っています。教室では得られない貴重な学びを、子どもたちとともに共有することができるからです。

学級経営が非常に難しくなっている今、あえて、「学級ワンダーランド計画」を実行しようではありませんか！

本書では、古川流の少々大胆な学級経営論を展開しています。お若い先生方の指針になれば幸いです。

　　　平成28年11月1日

　　　　　　　　　　　　　　　　　　　　　　　古　川　光　弘

目　次

まえがき　　　　　　　　　　　　　　　　　　　　　　1

序　章　学級ワンダーランド計画とは！　　7

第1章　教室を不思議なおとぎの空間に　　13

1　子どもたちどうし，そして教師と子どもたちとの心を紡げ！　　14

1　「人間関係力」で，子どもたちどうしの心をつなぐ！　　14
2　「学級掌握力」で，教師と子どもたちとの良好な関係を作り上げる！　　15

2　人間関係力を強化する！　　16

1　「人間関係力」を強化するための「ハッピーレター大作戦」　　16
2　「人間関係力」を，さらに強化するための，いくつかの方策　　19
　(1)　友だちの長所を見つけるトレーニング　　19
　(2)　学級保護者会でも長所発見トレーニングを！　　20

(3)　円形型・長所発見システム　21
　(4)　ほめ言葉の「手紙」　22
　(5)　ほめ言葉の「シャワー」　22

3　学級掌握力を強化する！　24

1　"黄金の3日間"で,子どもたち,そして保護者へ先制攻撃を！　24
　(1)　子どもたちと約束する　24
　(2)　保護者と約束する　27
2　学級掌握力を強化するには,「10分間パーツ教材」を使え！　28
　(1)　「10分間パーツ教材」は,子どもの集中力を飛躍的に高める！　28
　(2)　「10分間パーツ教材」で,国語の授業を組み立てる！　30
　(3)　「10分間パーツ教材」で,算数の授業を組み立てる！　32
　(4)　「10分間パーツ教材」で,特別支援の授業を組み立てる！　36
3　「日記指導」で学級掌握力を補強する　38
　(1)　「文章表記」の基本を徹底する　39
　(2)　「100日連続日記」で子どもたちの心を知る　40
　(3)　「日記指導」を軌道に乗せるためのいくつかの手立て　46
　　①　「日記紹介タイム」を設定する　46
　　②　「チャレンジ3・1・1」で挑戦意欲を掻き立てる　48
　　③　「遊び心」も大切　49
　(4)　マンネリ化を防ぐ「評価の工夫」を！　51
　(5)　300日連続日記を達成した6年生の日記　54

目　次

4　人間関係力・学級掌握力を同時に強化する！　　56

1　みんなで楽しい事をする—古川学級伝説的行事—　　56
　(1)　朝の9時から昼の3時まで続く！
　　　　　　　　　　「とんでもないクリスマスパーティー」　57
　(2)　様々な種類のラーメンをミックス仕立て！
　　　　　　　　　　「ラーメンを盛大に食べよう会」　61
　(3)　馬鹿げたフェスティバル文化「我慢比べだ，汗かき大会」　63
2　みんなで一つのことに取り組む　　65
　(1)　プルトップ回収大作戦でクラス一体となる！　　65
　　　①　活動を考える　　66
　　　②　実際の活動の様子　　67
　　　③　社会福祉協議会へ寄託　　67
　　　④　児童の思い　　68
　(2)　NHK全国合唱コンクールで，体当たりの思い出をつくる！　71
3　全員達成の事実を作り出す　　74
　(1)　全員が跳び箱を跳ぶ　　74
　(2)　全員が25mを完泳する　　77
　(3)　全員が二重跳び（縄跳び）を跳ぶ　　82
　(4)　全員が逆上がりを習得する　　85

◎　「学級ワンダーランド計画」を整理する　　90

| 第2章 | 学級ワンダーランドを支える戦略的学級経営「10の鉄則」 91 |

1　戦略的学級経営とは　92

2　戦略的学級経営「10の鉄則」　94

【鉄則1】　覚悟を決めろ！　94
【鉄則2】　情報を徹底的に生かせ！　96
【鉄則3】　女子を掌握せよ！　99
【鉄則4】　問題解決には異性を利用せよ！　101
【鉄則5】　参観日やイベントを戦略的に仕組め！　104
【鉄則6】　どうにもならんこともある。深く考えるな！　106
【鉄則7】　授業を成立させることだけを考えろ！　108
【鉄則8】　失敗なんて誰にでもある。卑屈になるな！　113
【鉄則9】　行き詰まったら，トイレを磨け！　115
【鉄則10】　学級に"プラス風土"を創り上げろ！　117

◎　戦略的学級経営「10の鉄則」を整理する　120

あとがき　121

序章　学級ワンダーランド計画とは！

　私が高校生の時，水谷豊主演の学校ドラマ『熱中時代』が放映されていました。
　そのドラマの最終回，水谷豊演じる北野広大先生が郷里の北海道に帰る場面で，子どもたちが，みんな泣くんですね。「先生，帰らないで！」って。もちろん北野先生も泣いています。
　私はこれを見て，教師という仕事は，子どもの心の奥にまで踏み込むすごい仕事だ！と思いました。

　北野先生は，私にとって，かなり破天荒で型破りな先生でした。
　例えば，子どもたちに宿題を出しませんでした。宿題が家庭学習を定着させるための手段としては，全く役に立っていないとの判断からでした。
　30年前，教師になりたての私は，その考えに共感し，真似をしました。当時の私は，「小学校時代なんて，たっぷり遊んで暮らせばいい！」「小学校時代に遊ばず，いつ遊ぶんだ？」なんて真面目に考えていたのです。
　それが，宿題なしの北野先生の方法と重なったわけです。その時のことを以前，通信に書いたことがあります。

私が高校生のとき，"熱中時代"という，小学校のドラマが放映されていて，私はそれを見て，教師になりたいと思いました。
　その"熱中時代"の北野先生（水谷豊）は，宿題を出しませんでした。北野先生にあこがれて教師になった私は，北野先生のまねをして，着任時に担任した3年生に，"宿題なし宣言"をしました。
　子どもたちは大喜びでしたが，『今度の新任はなにをするんだ！』と，各ご家庭の方では大きな動揺があったように思います。
　何人かの保護者は直接に交渉（抗議？）に来られましたし，家庭訪問に行けば『先生，宿題のことですが……』と，やんわりご提言をいただきました。
　ただ私も"言われて方針を変える"というのも嫌でしたので，『できません。子どもたちにも約束しましたから』とお断りしたことを覚えています。（当時は，若さゆえの向こう見ずなところがありました。今だったら，そこまで言えないでしょうね，きっと。）
　さて，これからがおもしろいのです。宿題なしをそれでも1カ月ほど続けたころ，子どもたちが言うのです。
　『先生，お母さんが，やっぱり宿題出してほしいなあ～，って言っています。』
　『私の家でも言ってました。』
　『僕も……』
　そこで私，「じゃあ，みんなに聞くけど，みんなはどうなの。宿題出してほしいの？」と問いかけました。
　それに対する子どもたちの反応は，なんと"宿題がないと勉強しなくなるので宿題を出してください"というものでした。
　「宿題を出してほしい人？」と挙手させると，ほとんどの子が手をあげるのです。これは驚きでした。
　以後，今日まで私は，宿題を出し続けています（笑）。

> 　教師1年目のその出来事から，私は大きな示唆を得たような気がします。何でもかんでも，「やりなさい！やりなさい！」というだけが能じゃない。"させる"ためには"させない"ということも時には有効なこともあるんだと学んだのです。（以下省略）
> 　　　　　　　　　　（平成15年度専科通信『エトセトラ』No.7より）

　もちろん今の私は，宿題の大切さを実感しています。宿題によって，得ることが大きいからです。

　ところで，このドラマの中には，さらに衝撃の場面が出てきます。
　北野先生が，国語の時間，教室で子どもたちにカップラーメンの早食い競争をさせるのです。
　まさしく「馬鹿げたフェスティバル文化」です。
　この場面は，この後，本書で主張する私の学級経営論，つまり学級ワンダーランド計画に，強烈に影響を与えた場面です。
　この実践は，本書でも述べる私の「ラーメンを盛大に食べよう会」（P.61）や「我慢比べだ，汗かき大会」（P.63）という古川学級伝説的行事を生み出すきっかけになったのです。

　さらにドラマの中では，授業の場面もよく出てくるのですが，この北野先生の授業が実に楽しいのです。算数をやっていると思ったら，いきなり国語の授業へと切り替わるのです。
　授業をパーツで構成しているのです。これは，私が本書の中で紹介している『10分間パーツ教材』で構成する授業とよく似ています。
　ただ，この共通点は，偶然発見しました。私が北野先生から学んだわけではありません。つまり普通に行っている授業が，北野先生と私と偶然にも同じ形態だったのです。

算数があって，国語があったりするのは，パーツ教材というよりも，ミニネタ授業に似ているのですが，やはり北野先生と私には共通する部分が多いのです。

　このドラマには主題歌があります。次のような歌詞です。

　　ぼくの先生は，嵐を巻き起こす。
　　どんなときだって，口笛を吹いて，くじけない男。
　　ぼくらのヒーローさ。先生の匂いは，レモンのようだよ。
　　僕は知っている。
　　ワイシャツのボタンが，はずれていたりするけど，先生のそばにいるだけで，爽やかな風のようだよ。

　こんな爽やかな先生になりたい！と，以後，私は強く教職を志すようになりました。

　私の１年間の学級づくりは，『学級ワンダーランド計画』という一言に集約できます。
　まえがきにも書きましたが，「ワンダーランド」とは，「不思議の国」「おとぎの国」といった意味です。
　教室を「不思議な空間，おとぎの空間にしよう！」「教室を楽しくて楽しくて仕方のない場所にしよう！」というのが，「学級ワンダーランド計画」です。
　もちろん，このような空間は，自然と出来上がるものではありません。現在の学校現場を取り巻く状況は，決して生易しいものではないからです。
　練り上げられた戦略の上に，きちんとした手立てを打っていかなけれ

序章　学級ワンダーランド計画とは！

ば，このような楽しい空間を創り上げることができません。

　本書を執筆することによって，これまでに，様々なところで発表してきた学級経営に関する私自身の断片的な実践を，きちんとした学級経営論として，体系化，理論化することができました。
　第1章からは，その具体的な内容について述べていきます。
本書をお読みいただき，全国各地で，楽しくて楽しくて仕方のない教室が数多く現れることを心から願っています。

第1章
教室を不思議なおとぎの空間に

1　子どもたちどうし，そして教師と子どもたちとの心を紡げ！

1　「人間関係力」で，子どもたちどうしの心をつなぐ！

　教室をワンダーランドにするには，子どもたちどうしの心をつながなくてはなりません。それがなくては，ワンダーランドは築けません。
　私は，学級づくりは「人間関係力」アップが全てだと考えています。
　「人間関係力」とは，読んで字の如く，人と人とがうまくやっていく力のことです。最近，この「人間関係力」が乏しい児童によく出会います。
　例えば，一人でいると，特別変わったことのない普通の子なのに，休み時間に友だちと遊ぶと喧嘩になり，私の所に文句や不満を言いにくる子がいます。
　少子化，社会環境の変化，遊びの変化に伴い，社会全般のコミュニケーション力が低下してきています。これまでは，生活の中で自然と身につけていた人間関係力も，教えて身につけさせる時代になったのかもしれません。
　さて，その人間関係力低下の一番の原因は何か？　それは，「友だちの良さが見えない，見つけられない」という点にあると，私はとらえています。
　友だちの良さを見つけられるようになると，学級における「人間関係力」は大幅にアップします。
　このことは，難しいように思えるかもしれませんが，全くそんなことはありません。事あるごとに友達の"良い所探し"をする習慣をつくり上げるだけです。それだけで，学級における人間関係力は大幅にアップします。その方法については次項以降において具体的に述べていきます。

2 「学級掌握力」で，教師と子どもたちとの良好な関係を作り上げる！

　子どもたちどうしの心のつながりを強める「人間関係力」について述べました。この「人間関係力」とは，俗に言う"横糸"です。

　当然のことですが，教室をワンダーランドにするには，"横糸"を紡ぐことと同時に，教師と子どもたちとの関係づくりも行っていかねばなりません。俗に言う"縦糸"です。私は，これを「学級掌握力」という呼び名で呼んでいます。

　織物を目に浮かべてください。"横糸"（人間関係力）ばかり紡いだって織物（学級）はできません。バラバラと崩れていきます。

　そこに，"縦糸"（学級掌握力）を組み合わせることによって，織物（学級）はしっかりと編み上がります。

　しかも，この"横糸"と"縦糸"が強化されればされるほど，その織物は強いものになっていきます。

　つまり，「人間関係力」と「学級掌握力」は，学級経営を強固にする両輪なのです。

　では，「学級掌握力」を強化するためにはどうするか？

　いくつも考えられますが，とりあえずは一点に集中しましょう。

　45分の授業をしっかりと組織することを考えるのです。

　授業がきちんと進行していると，学級づくりはスムーズに展開していきます。逆に考えてみてください。授業が崩壊していて，学級がうまくいっている例はないでしょう。

　では，「学級掌握力」を強化するための授業方法とはどのようなものなのでしょうか。それについては，やはり次項以降において具体的に述べていくことにします。

2　人間関係力を強化する！

1　「人間関係力」を強化するための「ハッピーレター大作戦」

　4月から5月の出会いの時期は人間関係力を強化，向上させるのにはこれ以上ない絶好の機会です。

　そこで，この機会を見逃さず，「ハッピーレター大作戦」を実行します。この「ハッピーレター大作戦」というのは，友だちの良い所や好きな所を手紙に書いて届けてあげるだけの，ごくごく平凡な取り組みです。

　「なぁ～んだ……」と思われるかもしれません。しかし，私が行う「ハッピーレター大作戦」には，隠された工夫があります。この工夫があるために，平凡な実践が"ダイアモンド実践"に化けます！

　では，その工夫とは何か？　それは，「もらった人には必ず返信をしなければならない」というルールが設定されていることです。

　つまり，書けば書くほど返事が来ます。自分だけ手紙が届かないということがありません。これがこの実践の優れた所です。

　これをやると，あらかじめ用意していた数百枚の用紙があっという間になくなってしまいます。

　例えば，次のページのようなメッセージが飛び交います。

　（※以下，子どもたち・保護者のメッセージは，全て2年生での実践を取り上げています。）

　各々に届いたハッピーレターは，綴って持って帰らせます。子どもたちは，宝物のように持って帰ります。もちろん一応，目を通しておくことは必要です。

第１章　教室を不思議なおとぎの空間に

ハッピーレター

カード1（左上）：
心はウキウキ！　ハッピーレター
（　　くん　）へ
あなたのいいところ、すきなところは。

いつも、　くんが
あそんでくれるから
うれしいです。

（　　　　　　）より

カード2（右上）：
心はウキウキ！　ハッピーレター
（　　さん　）へ
あなたのいいところ、すきなところは。

わたしが　ころんだときに、
だいじょうぶといってくれてあり
がとう！！

（　　　　　　）より

カード3（左下）：
心はウキウキ！　ハッピーレター
（　　くん　）へ
あなたのいいところ、すきなところは。

くんは、ボー
ルをなげるのはやい
ね。どうしたらはやく
なげれるかおしえ
てね。

（　　　　　　）より

カード4（右下）：
心はウキウキ！　ハッピーレター
（　　さん　）へ
あなたのいいところ、すきなところは。

さんはいつ見ても
にこにこウキウキ
しているね！やすんだ
ときにうれしい手紙あり
がとうね☺

（　　　　　　）より

なお，この実践には，おまけがつきます。教師にもハッピーレターを書く子が出てきます。

● 先生，いつもべんきょうをおしえてくれてありがとう。
● 先生，いつもお話をしてくれてありがとう。また明日，話そうね。
● 先生，いつもパーティーをしてくれて，ありがとう。
● 先生，いつも休み時間を作ってくれて，ありがとうございます。
● 先生，いつも楽しいことをしてくれて，ありがとうございます。

　つまり，私たちも幸せになります。
　さらに，翌日，保護者からもお手紙が届きます。子どもたちが家で，弾んでハッピーレターを見せるからです。そのうちのいくつかをご紹介します。

●　たくさんのハッピーレターを嬉しそうに持って帰ってきました。クラスのみんなが，こんなふうにこの子の事を思ってくれているんだと，私もすごくハッピーになれました。色々な勉強のしかたがあるものですね。
●　ハッピーレターは，とてもいいことですね。「私の宝物！」と言って大切にしまっていました。あんなお手紙をもらうと，お友だちにやさしくなれるような気がします。
●　ハッピーレター，○○も何回もうれしそうに読み返しています。日頃から親が子どもの良い所を見るようにしていないと，子どもも友だちの良い所を見つけられないのかも……と反省し，私も子どもの良い所探しに努力しているところです。
●　子どもの良い所を見つけていくと，毎日，意外とたくさん見つかって楽しいですね。子どもとケンカもしなくなりましたよ！

第1章　教室を不思議なおとぎの空間に

● 　ハッピーレター，ほのぼのとした気持ちで読みました。お友だち同士で良い所を見つけ合う，自由に手紙を交換するなんていいですね。悪い所を注意するのは簡単ですけど，こうしてどんどん良い所を見つけ合い，話し合っていけば，良いクラスになるでしょうね。

　このように，ハッピーレターの用紙を1種類，用意しておくだけの簡単な実践ですが，効果は計り知れません。
　青少年犯罪や自殺者が年々増える理由の一つに自尊感情の欠如が挙げられます。いじめもそうでしょう。
　自分で自分のことが好きになれないのです。自分のことが好きになれば，自分を大切にするし，友だちも大切にするようになってきます。
　自尊感情を育て，人間関係力を強化することを，これからの学級経営や人間関係づくりの基盤として考えたいものです。

2　「人間関係力」を，さらに強化するための，いくつかの方策

　人間関係力を向上させるのには，ハッピーレターのような方策を打っていくのですが，一つの方法ではだめです。
　今から紹介するような方法を，ことあるごとに次々と行っていきます。同じことばかり続けていると，単調になり，子どもたちは飽きてしまいます。

（1）　友だちの長所を見つけるトレーニング

　これは，一番簡単な方法です。白紙プリントを用意しておくだけでできます。
　簡単に言うと，アットランダムに抽出した友だちの良い所を見つけさせるのです。これは，友だちの長所を見つけるためのトレーニングです。

まずはプリントを配り,「自分の出席番号の次の人の良い所を3つ以上書きなさい」と指示します。たったこれだけのことですが,子どもたちにとっては簡単ではありません。なかなかできません。この事実に愕然とするほどです。普段から良い所を見る習慣が身についていないからです。

　このトレーニング,自分の席の隣の人,出席番号の前の人,というように色々と応用が可能です。

　私は,毎月の初日に実施するように決めていました。そうすると忘れずに定例化されます。時間もかかりません。

（2） 学級保護者会でも長所発見トレーニングを！

　前記のトレーニング,私は学年当初の学級保護者会でもよくやりました。会の中でプリントを配り,「これから1年間,学級を運営するにあたって,ご自分のお子さんのご家庭での良い所を3つほど教えていただけませんか？」というような時間を設定するといいでしょう。私はよくやりましたが,驚いたことにこれも書けない方が多いです。

　この事実にも愕然としたことを覚えています。親でさえ,子どもの長所をパッと見つけられないのです。これでは,子どもたちに自尊感情が育たないはずです。

　先にも書きましたが,現代社会の青少年犯罪や自殺者の増加は,自尊感情の欠如から来ていると言われますが,納得できることです。

　自尊感情を育てる一番の近道は,身近にいる親や教師や子どもたちがその子の良い所をどんどんと見つけ,それをその子に返してあげることが大切だと考えています。

　このようなトレーニングを続けると,子どもたちは,友だちの良い所を少しずつ見つけられるようになってきます。

第1章　教室を不思議なおとぎの空間に

（3）　円形型・長所発見システム

引き続き，自尊感情を育てるための方法として，円形型・長所発見システムを紹介します。

まずは，机を円形型に並べます。そして，全員の名前を書いたプリントを順に回しながら，回って来た人の長所をそのプリントに書き込んでいきます。

できるだけそれまでに書かれていない新たな長所を見つけて書いていくようにします。時間は一人約1分ずつで一周します。

一周したら回収し，書かれてあることを読み上げながら，誰のことなのか，みんなであてっこをします。

分からないように順番を変えて次々と読みます。とても活発に手があがります。

そりゃそうでしょう。いいことばかり書かれているのだから気持ちがとてもいいです。やはり短所を言われるより，長所を認められる方がいいに決まっています。これは大人も同じです。

　　その気になって見つければ一人ひとりこんなに多くの長所があるのです。
　　みんなの中には内気な人がいますね。でもこれはしっかり考えることができる人と言えるかもしれません。
　　落ち着きのない人もいますね。これは活動的と言えるかもしれません。
　　つまり短所は長所に言いかえることもできるのです。
　　人間はすぐに人の悪い所に気付きがちですが，これからは，人の

良い所が見つけられる人でいてください。

　というふうに語りかけるとよいでしょう。
　なお，このプリントも本人に持ち帰らせます。子どもたちは，宝物のように大切にして持って帰ります。家の机の前に貼っているという子もいます。

（4）　ほめ言葉の「手紙」

　次に，ほめ言葉の「手紙」です。これは千葉県の城ヶ﨑滋雄氏のフェイスブックの記事から学んだ方法です。
　ランダムに配られた封筒には友達の名前が書いてあります。子どもたちは，その子の良い所を手紙にして記入し封筒に入れます。自分の名前は書きません。匿名です。
　これを数回繰り返したあと，封筒を本人に戻します。
　封筒が届いたら開けて中を見せるのですが，その時の子どもたちの表情がたまりません。まるで，宝箱を開けるような感じです。
　もちろん，良い所が書かれたお手紙が入っているわけですから，子どもたちは嬉しくてたまりません。みるみる笑顔になります。そしてクラス全員が幸せになります。

（5）　ほめ言葉の「シャワー」

　これは，よく知られた福岡県の菊池省三氏の追試です。
　順番に一日一人ずつ，その日の主役になった子どもの良い所を見つけておき，帰りの会などでクラス全員がほめる活動です。
　主役の決め方は，何でも構いません。その日の当番でいいのではないでしょうか。
　慣れたクラスでは，自由発言を取り入れていますが，席順でもいいで

第1章　教室を不思議なおとぎの空間に

しょう。次々と起立しスピーチを行います。取り組み当初は，書いたものを読ませてもかまいません。

　全員が言い終わったら，主役の子がお礼や感想のスピーチを述べます。

　年間で数回まわってきます。

　私のサークルのメンバーが，その1年間の発言記録を残していたのですが，発言内容の質が回数を経るにしたがって向上していきます。

　以上のような方策を次々と打っていくことにより「人間関係力」がみるみると向上していきます。

　再度言いますが，"変化のある繰り返し"がキーワードです。

　このような方法は，あればあるほどいいのです。たくさん引き出しにしまっておいて，ことあるごとに引っ張り出してきます。

　そのためにも，教師は学ぶ必要があるのです。

3 学級掌握力を強化する！

1 "黄金の3日間"で，子どもたち，そして保護者へ先制攻撃を！

さて，4月から5月の出会いの時期は「人間関係力」を向上させるのと同時に「学級掌握力」を強化するのに絶好の機会です。

そのためには，"黄金の3日間"が大切です。学級開きの3日間のうちに次のことを行います。子どもたち，そして保護者へ先制攻撃をかけるのです。

（1） 子どもたちと約束する

最近の子どもたちは，叱られることを嫌います。保護者も同じです。子どもを叱ったことに対して，保護者がクレームをつけてくることは，よくある話です。

そこで学級開きの3日間で，できるだけ早く，できれば初日に子どもたちと次のような約束を交わしておきます。

これは，千葉県の野口芳宏氏から学んだことですが，次のように凛々しく進めます。

> 人間は必ず死にます。先生もやがて死ぬし，みんなもやがて死にます。これは生きているものの宿命なので仕方がありません。
>
> さて，その生きている時間のことを人生と言うのですが，"自分の人生を大事にしたい"と思う人は，ノートに○を書きなさい。"いや，そんなことは思わない"という人は，ノートに×を書きなさい。

第1章 教室を不思議なおとぎの空間に

　学級開きの3日間,しかも初日であれば,全員が○を書くことが予想されます。
　もし,ここまでの話で,×が3人も4人もいる状況が生まれたならば,この話はストップします。
　人生を斜に構えて見ているようなクラスでは,あと,どんな価値のあることを訴えかけても"馬の耳に念仏"だからです。
　まずは,そういう姿勢を作り上げることからやり直さないとだめだからです。
　もし×を書いている子がいれば,「あなたは,自分の人生を大切にしたいと思わないのですね?」と,叱らずとも毅然と詰めておくことが必要です。いずれにせよ,これでクラスの実態が分かってきます。
　全員が○を書いたら,次のように進めます。

> 　先生は,とっても嬉しいです。なぜなら,全員が限られた自分の人生を大事にしたいと考えているからです。
> 　さて,いい人生を送るためには,やっぱりいい人間にならなくちゃいけません。そこで2つ目の問題です。
> 　"いい人間になりたい"と思う人は,ノートに○を書きなさい。"そんなもん,なりたくない"と思う人は,ノートに×を書きなさい。

　ここでも学級開きの3日間であれば,全員が○を書くことが予想されます。そこで,3つ目の問題を出します。

> 　第3問! 　そうであるならば,自分が気づかない悪い所があった時に,先生に叱ってもらいたいと思いますか? 　いや,そこまでは頼みませんか?
> 　"気づかない悪い所があった時に,遠慮なく叱ってほしい"とい

う人は，ノートに○を書きなさい。"いや，ほっといてほしい"という人は，ノートに×を書きなさい。

　ここまでくれば，おそらく全員が○を書くことでしょう。そこで，引き続き次のように語りかけます。

　　先生だって，まだ未熟です。完成なんかしていません。
　　だから，みんなとの行動の中で，これは良くないなと思うことを，先生が叱って，その叱ったことが，あるいは間違っているということがあるかもしれません。その時は，遠慮なく，先生にそのことを告げなさい。先生も未熟だから一生懸命考えます。
　　しかし，先生の言うことが正しいと思ったら，先生の言うことを素直に聞くのです！　先生を信じて，先生の言うことをきちっと守れば，必ず成長し，必ずいい人生が送れるようになります。
　　先生は，そのために，この１年間を一生懸命，みんなとつき合いたいと思っています。
　　口うるさいと思ったり，おかしいなと思ったりすることはあるかもしれません。けれども，先生は，みんなの人生の，この学校における最高の応援者でありたいと思っています。そのことを忘れないでほしいです。

　このような約束を確認しておけば，子どもたちは，教師が叱っても正面から受け止めてくれます。ふてくされたり，反抗したりせずに，素直に私に正対してくれます。
　こういったことを，やはり始めにきちっと確認しておくことが，実は子どもたちとの関係を保つために，とても大切なことではないかと思っています。

第1章　教室を不思議なおとぎの空間に

（2）　保護者と約束する

　保護者にも同じです。年度当初に次のようなお願いを学級通信に書きます。こちらは，東京都の向山洋一氏から学んだことです。

> 　子どもを育てるのは，教師だけではなく，また保護者だけでもありません。保護者と教師がいっしょに頑張らなければなりません。
> 　家で親が子どもの前で，学校や教師の悪口を言ったり，また教師が，職員室で親の悪口を言うようなクラスでは，絶対に子どもは伸びません。これは間違いありません。
> 　この1年，子どもたちの幸せのために精一杯頑張ります。どうか，教師としての子どもに対する思いを信頼してください。決して，その場の気分や衝動で指導したりはしません。
> 　私や学校に対する悪評は，子どもの前ではくれぐれもおつつしみ願いたいと思います。親から自分の担任や学校の悪口を聞かされる子どもの立場はみじめなものです。教師を信頼しなくなり，伸びる芽を自ら摘み取ってしまいます。
> 　また長い1年間，子どもが私の不満を漏らすこともあるかもしれません。そんな時は
> 　「何を言っているの！　先生はあなたのことを考えてくれているのよ」
> などとフォローしていただければ，子どもとの関係を保つ上で大変助かります。

　こんなふうに，年度当初に確認しておくことは大切です。
　これを読んだ保護者は，「う～ん，今度の担任は今までと違うな！」と感じるようです。

2　学級掌握力を強化するには,「10分間パーツ教材」を使え!

　先にも述べましたが,「学級掌握力」を強化するための一番の近道は,45分の授業をしっかりと組織することです。

　授業がきちんと進行していると,学級づくりはスムーズに展開していきます。そのため,学級開きの時期は,できるだけ早く授業を開始します。

(1)　「10分間パーツ教材」は,子どもの集中力を飛躍的に高める!

　最近の教育課題の一つに「小一プロブレム」があげられます。とにかく近ごろの低学年は一筋縄ではいきません。

　数年前の話になりますが,久しぶりに1年生の担任をしました。

　様々な個性の子どもたちがいて,45分間,とにかく席に着かせ,集中させることに苦労しました。本気で学級崩壊の危機感を抱いたほどです。

　入学式の日は,私を含め3人がかりで学級指導を行いました。

　ただその心配は,最初の数週間で消えました。10分間のパーツで組み立てる授業を意識し始めたからです。

　普通に考えてみても,1年生と6年生が同じ45分授業であるというのもおかしな話で,それでは45分授業を3つぐらいのパーツに分けてはどうかというのが,「10分間パーツ教材」の発想です。

　「10分間パーツ教材」を1時間の授業に効果的に配列し,一つひとつ確認しながら授業を進行することにより,子どもたちは驚くほど授業に集中するようになったのです。

　この方法は,従来,常識的に考えられてきた「導入」「山場」「まとめ」という1時間の授業構成を全く覆すものであり,1時間中1問だけの問題に集中的に取り組ませる問題解決型の授業とは対極にあるものです。

　ちなみに,1年生の授業には問題解決型はそぐわないのです。集中力

第1章　教室を不思議なおとぎの空間に

が持続しないからです。

　ただ,「10分間パーツ教材」には次の4条件が必要です。

> ①　10分前後で完結するか,または区切りをつけることのできる教材
> ②　シンプルかつ単純明解な教材
> ③　必ず全員が取り組むことができる教材
> ④　授業のねらいに沿う教材

　この条件を満たす教材を,45分の授業の中にねらいに迫るような形で効果的に配列します。

　何も難しいことはありません。誰にでもできる普通の授業です。

　たったこれだけのことではあるのですが,子どもたちを引きつけ,子どもたちの集中力を飛躍的に高めることができるのです。

　しかし保守的な従来からの教育観では,このような発想はなかなか生まれないのも事実です。

　私は,この「10分間パーツ教材」は,低学年のみならず高学年,あるいは中学生,高校生にまで通用する方法であると確信しています。

　というのも,2003年に明治図書から『1年生の授業　10分間パーツ教材で集中力を高める』という本を出版して以来,小学校の先生方のみならず,中学・高校の先生方からもこの方法の有効性についてご連絡をいただくことがあったからです。

　私は,毎年,第1回目の参観日では,この「10分間パーツ教材」で構成した授業を必ず行います。低学年に限らず,どの学年でもです。そうすると子どもたちは集中して学習に取り組むわけです。

　すると翌日,集中して学習に取り組む子どもたちの様子を見た保護者から,驚きの便りが届きます。

つまり、子どもたちが集中するだけでなく、同時に保護者の心もつかむことができるのです。こんなにありがたいことはありません。

「10分間パーツ教材」を活用した授業は、子どもたちに集中力を生み出し、たるんだ空気を引きしめることができるのです。

ただ、「10分間パーツ教材」が全てではないということだけは付け加えておきます。何でもそうですが、100％有効な方法などないからです。

子どもたちが落ち着けば、問題解決型の授業に移行していくことも必要です。

それでは、「10分間パーツ教材」を使った授業を具体的に紹介していきます。

(2)「10分間パーツ教材」で、国語の授業を組み立てる！

この授業は、2年生初めての参観日で行った国語「ふきのとう」の授業です。本時で使った「10分間パーツ教材」は、次の8教材です。

① 既習漢字の復習
② 新出漢字の学習
③ 教材文の視写
④ 口の体操
⑤ 教材文の音読
⑥ 教材分の読解
⑦ 発展学習「詩文の暗唱」
⑧ 国語クイズ

この8教材をリズムよく進めていきます。
① まずは、既習漢字の復習から行います。
　全員起立させ、本時までに学習している漢字を5つほど「空書き」

第1章　教室を不思議なおとぎの空間に

をさせます。

　「イチ，ニイ，サン……」筆順を唱えながら，空中に指で書いていきます。（約2分間）

② 引き続いて新出漢字の学習を行います。

　毎時間2～3文字ずつ進めていきます。指書き，なぞり書き，うつし書きのステップを取り入れます。（約10分間）

③ 次に，教材文（ふきのとう）の視写の学習にうつります。

　教科書をワークシートに丁寧に写し取る学習です。

　視写は「集中力」「丁寧さ」など，最も基本的な国語の力を総合的に高めることに効果があります。（約7分間）

④ 視写で集中した後は，「あいうえお」の口形指導，発声指導を簡単なリズムに乗せて行います。

　この「口の体操」は，色々な方法があるので，楽しく取り組めるものを用意します。（約2分間）

⑤ ついで，教材文（ふきのとう）の音読へ移行します。

　「こえのメガホン」という声の大きさの指標を駆使しながら，抑揚を付けた音読に取り組ませます。（約5分間）

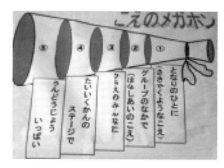

⑥ 教材文（ふきのとう）の読解については，この段階では深入りせずに，取り上げなければならないいくつかの問題を一問一答式で進めていきます。（約7分間）

⑦ さらに発展学習へと移ります。黒板に書いてある短い詩（本時では「たんぽぽ」）を暗唱させます。一文ずつ消していきながら，何度も暗唱させる方法を用います。

子どもたちの意欲が一文を消すごとに高まるので，教室の雰囲気は一気に最高潮に達します！（約7分間）
⑧　最後は，国語クイズで楽しんで学習を終えます。
「もっとやりたい！」と子どもたちが乗ってきたところで授業を止めるのがコツです。そのためには，子どもたちが乗ってくる楽しいクイズを用意します。もちろん学習内容に関連したクイズがふさわしいです。（約5分間）
授業が終わっても興奮が収まらない子どもたちの姿を見て，保護者は，子どもたちのやる気を感じます。

(3)　「10分間パーツ教材」で，算数の授業を組み立てる！

この授業は，1年生2学期の参観日で行った算数「引き算」の授業です。本時で使った「10分間パーツ教材」は，次の6教材です。

①　「はてなボックス」を使った足し算の復習
②　「フラッシュカード」を使った足し算の復習
③　「100玉そろばん」を使った10の合成・分解の復習
④　引き算の指導
⑤　「足し算メイロ」を使った足し算の復習
⑥　算数ゲーム「足し算ビンゴ」

①　まずは，「はてなボックス」（ブラックボックス）を使って，足し算の復習を行います。
「はてなボックス」とは，次ページのようなものです。
ボックスの中にカードを入れると，中でひっくり返って裏の字が出てくる構造になっています。
これを使って，何題かの足し算の復習を行います。問題を入れる

第1章　教室を不思議なおとぎの空間に

と答えが出てくるのです。

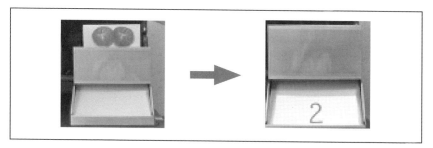

そこで,

　『はてなボックスって,すごいでしょう。答えを何でも正直に教えてくれますね。』
　『では,はてなボックスに"1年生のみんな"を入れると,何が出てくると思いますか？』
　『はてなボックスに"古川先生"を入れると,何が出てくると思いますか？』

など,楽しみながら進めると盛り上がります。(約5分間)

② 次にフラッシュカードを使い引き続き,足し算の復習を行います。

　習得済みの足し算を全員に言わせたり,一人ずつ順番に言わせたりします。

　時には右のような10の補数を言わせるなど,フラッシュカードの応用範囲は広いです。(約5分間)

③ 引き続き「100玉そろばん」を活用します。

　昔からある教具であり,正しく活用をすれば,数の学習を効率よく

進めることができます。

　10 の合成，分解もリズムに合わせ，難なく習得できます。

　インターネットなどに多くの活用法が紹介されています。

（約 5 分間）

※②と③の活動は，脳を活性化させるために有効です。

④　十分に脳を活性化させた後は，本時の中心課題である「引き算」の学習に入ります。

　授業は，教科書に準じたオーソドックスな展開で進めます。

　具体物を用意するなど，学習内容を簡潔に教え，深入りはしません。

（約 15 分間）

⑤　この後は，再び足し算の復習を取り入れるのですが，ただ単純に復習をするのではなく，ここではゲームプリント等を活用し，変化をつけます。

　ただ，このようなゲームプリントでは，必ず速い子と遅い子の時間差が生じてしまいます。そのため私は，いつも全員に複数枚のゲームを与え，早く終わった児童には次のゲームに挑戦させることにしています。

　大切なことは，全員に最初の 1 枚を必ず終えさせるということです。机間巡視をして，全員ができたのを見計らい，答え合わせを行います。もちろん答え合わせは，最初の 1 枚だけでいいです。

　後のプリントについては，回収して授業後に確認すればいいでしょう。（約 7 分間）

⑥　最後は"足し算ビンゴ"で盛り上げます。ビンゴはいいです。絶対に子どもたちは喜びます！　応用範囲も広いです。

第1章　教室を不思議なおとぎの空間に

まずは，9マスのビンゴのワクに1から9までの数字をランダムに入れさせます。

例

1	4	6
3	7	2
9	8	5

そして，1桁の足し算のフラッシュカード（例えば， 1＋3 ）を使い，全員にその答えを言わせます。

出た数が，ワクの中にあれば○をつけさせます。縦・横・斜め，一列に数がそろったらビンゴです。6回繰り返します。それまでにそろったら合格です。（約8分間）

このビンゴは大興奮状態を引き起こします。フラッシュカードを一問終えるごとに，大歓声が巻き起こるのです。

とにかくチャイムがなっても，『もう一回！　もう一回！』とやめようとしません。

参観日の最後に，この足し算ビンゴを持ってきた理由がここにあります。保護者は，子どもたちがチャイムがなっても学習を続けようとする姿に，大変驚くと同時に感心するのです。

実は，これら「10分間パーツ教材」の配置は大変重要で，授業の最初にゲームのような活動を持ってきてはいけません。授業が冒頭から締まりのない状態になってしまいます。

以上のように，「10分間パーツ教材」をねらいに沿って配置し，45

分を構成します。

前述した授業では，国語では8つ，算数では6つの「10分間パーツ教材」を用意しました。リズムのよさが分かると思います。

再度言いますが，「10分間パーツ教材」を活用した授業は，子どもたちに集中力を生み出し，たるんだ空気を引きしめることができるのです。

(4) 「10分間パーツ教材」で，特別支援の授業を組み立てる！

さて，これからの教育は特別支援教育を抜きに語れないと思っています。

私自身，一度は特別支援学級の担任をしておきたいと考えていました。何でもそうですが，経験していないと話をしても説得力がないからです。

平成18年度，運よくその機会に恵まれ，自閉症のある1年生のお子さん（以下A君と呼ぶ）の担任をしました。

A君はカリキュラムに沿って，交流教室の同学年の子どもたちとできる限り共有の時間を過ごすようにしていました。A君の一つの特徴である社会性の乏しさを少しでも補うためです。

そんな中，教育委員会の学校訪問が6月に実施されることになり，一人の授業場面を見ていただくことになりました。これは，少々やっかいなことでした。

というのも，A君の特徴として，「変化を嫌う」というのがあり，経験の少ない一人だけの授業を，多数の参観者に見られるというのはこれまでなかったからです。緊張状態から集中力を欠き，途中で教室から出て行ってしまうことも予想されました。

しかし，そんな危機を救ってくれたのが，「10分間パーツ教材」で構成した算数の授業です。当日は，次に示した「10分間パーツ教材」を中心にして数の学習を行いました。

第1章　教室を不思議なおとぎの空間に

① 今日のお勉強（見通しを持たせる時間）
② 100玉そろばん
③ フラッシュカード
④ コンピュータのサイトを使った数の問題
⑤ お楽しみタイム（好きな課題に取り組む）

一つひとつの内容については，前述した算数の授業と重なるために省略しますが，これらの教材が見事に功を奏したのです。

A君は参観者など見向きもせず，驚くほどに，最後まで集中して学習に取り組みました。

授業後の討議会で，「あの子は，本当に自閉症のあるお子さんなのですか？」というコメントをいただいたほどです。

「10分間パーツ教材」の威力を改めて感じました。

『授業力アップへの挑戦24　学校で取り組む特別支援教育のヒント』（岡山県津山市立西小学校著，明治図書）という書籍の中に，次の記述があります。（P.38～39）

> 『1年生の授業　10分間パーツ教材で集中力を高める』（古川光弘著・明治図書）の中で，古川氏が「10分間パーツ教材」を提唱されている。
>
> （中略）
>
> 活動が次々と変わって集中力が持続するのはもちろんだが，短い活動のために差も出にくく，さらに「やった！」という達成感が何回も味わえるのがいい。10分とまではいかなくても，支援を意識した授業として，パーツやパターンを意識した構成は大変有効である。

この例を始め,「10分間パーツ教材」を取り入れた授業は,今や特別支援教育に欠かせない指導法となっています。
　ところで,特別支援教育に限ったことではありませんが,コンピュータ映像を扱う授業では,スマートボード(ボード型電子黒板)は効果的です。
　画面上で操作できるスマートボードであれば,特別支援を必要とする児童も容易に対応することができます。
　スマートボードは,これからの特別支援教室にぜひとも備えておきたい備品の一つです。
※A君との1年間の記録は,2007年度の『心を育てる学級経営』誌(明治図書)に連載されました。

3 「日記指導」で学級掌握力を補強する

　さて,とりあえず授業が組織できれば,子どもたちとの縦糸を紡ぐには成功です。ただ,それだけでは心が通っていません。
　そこで,学級掌握力を補強するための絶対的なアイテムを紹介します。「日記」です。
　私は,毎年,日記を書かせることにしています。どの学年でも書かせます。しかも毎日書かせます。1年生でも毎日書かせます。
　これを時々やるから,「え〜!」となるのです。もう,絶対にやらなければならないものとして位置づけてしまうと,宿題に日記がない時など,逆に「先生,今日は日記を書かなくてもいいのですか?」などと言うようになります。
　なぜ,私が書かせることにそこまでこだわるのか,それは国語教育のプロと言われる野口芳宏氏の「書くことは言語能力の総決算」という言葉に集約されます。

第1章　教室を不思議なおとぎの空間に

　野口芳宏氏が言われるように，語彙の豊富さ，文字の巧拙，認識の深浅，個性の有無濃淡，頭の中の整理の度合い，ユーモアの有無，論理構成の適否，センスの程度等々の一切が文章に出るからです。

　書くことは，国語のみならず，そこから派生して学習活動の全てにおいて，多大な効果を波及させることができます。何よりも子どもたちの心を知ることができ，学級掌握力を補強することができるのです。それは私のこれまでの実践において自信を持って言うことができます。

　日記指導について書いていると，本が一冊書けるぐらいになるのですが，そんな中で，成功させるためのポイントを一つだけあげよと言われれば何か？

　それは，「毎日書かせること」です。連続日記です。とにかく，毎日書かないとうまくならないし，本音も出ません。

（1）「文章表記」の基本を徹底する

　私は，日記指導に取り組むにあたり，4月当初に必ず徹底することがあります。

　一度，読者の皆様も考えてみてください。4月当初，子どもの日記に表記上のアドバイスを3つ与えるとすれば，どのようなアドバイスをしますか。

　私は，次の3つのことを徹底します。

【ポイント1】

　とにかく「。」をつけたら行をかえます。

　これだけですっきりとし，グンと読みやすくなります。なお，行をかえたら必ず一マスあけることも徹底します。

　このことがしっかり習慣づけられたら，意味段落で行がえをするように切りかえていきます。

【ポイント２】

一文に一つのことを書かせます。

やたらと「,」をうって，いろいろなことを長々と続ける文がありますが，これは悪文です。

できるだけ，一文には一つのことしか書かないようにします。

【ポイント３】

これは高学年に限りますが，書き出しはクライマックスから書かせます。

「やった，赤組の優勝だ！ 僕は，大喜びしました。」

「あ〜あ，雨か。朝起きてガックリきた。待ちに待った遠足なのに。」

という感じで。

たったこれだけのことですが，この３点を徹底すると，読みやすく，しかもすっきりとした躍動感のある文になります。

ただ，簡単なように思えますが，これを徹底するのには，少なくとも４月いっぱいはかかります。

（２）「100日連続日記」で子どもたちの心を知る

さて先に述べた連続日記ですが，この指導にもテクニックがいります。まずは始めの意欲付けが大切です。

子どもたちは，文を書くことをあまり好みません。そのため，年度の途中から日記指導を始めようとしてもうまくいきません。

やはり，黄金の３日間が大切です。学級始めの３日間のうちで，次のような話をします。この時なら，あからさまに抵抗を示す児童はないでしょう。比較的スムーズに日記指導を開始することができます。

みんなは知っていると思うけど，先生のクラスでは毎日日記を書きます。これまでのクラスでも書いています。でも，みんな喜んで

> 書き続けました。なぜなら，100日連続日記に挑戦したからです。
> 　100日間，連続で日記を書くのです。一口に100日と言っても大変です。土曜日も日曜日もずっと休まず書かないといけません。
> 　でも書き続けると，どんどん書く力がついてきて，100日に近づくにつれて，少々の文を書くなんてことは，へっちゃらになります。しかも日記を書くことが楽しくなります。
> 　世の中には「100の努力」という話があります。100の努力を続けると，ある一線を境にブレイクスルーが起こるという話です。一気に書けるようになるのです。
> 　先生が担任した6年生は，卒業式までがんばって300日連続日記を達成した子がたくさんいます。ぜひ，みんなもチャレンジしてみてください。

　こんな感じで話をします。すると「よ〜し！」と言う子が必ず現れるはずです。たいていは男の子です。しかし，その子は続きません（笑）。続くのは女子が多いです。

　続かせるのは大変です。宿題に日記が出た日はよいのですが，宿題に日記のない日も書かないといけないからです。

　しかし，「100日連続日記」をやり切ると，子どもたちにはものすごい自信と満足感が育ちます。

　もちろん続かなくてもいいのです。途切れたら，「また今日から頑張ったらいいよ」と励ませばよいのです。いつからでも取り組みを再開することができます。

　ただ，返事は書かないといけません。毎日返事を書くのは大変なことですが，それはしていかないといけません。

　連続日記は，子どもたちに書く力をつけること，続けて物事をやりぬく力をつけること，そして，何よりも子どもたち全員とのコミュニケー

ションを図り，学級掌握力を補強するという点で，大変な効果を発揮します。

　ところで，「子どもの心をつかむ」には日記は大変有効なのですが，子どもの本音が出てこそ本物です。

　喜び，楽しみ，悩み，不満，ユーモア，相談ごとなどが出始めたらこっちのものです。例えば次のようなものです。

● 　私は今，すごく悩んでいることがあります。私たちは5人でうまくやっていたんだけど，このごろ5人の中に，だんだんひびが入ってきています。

　ある子に理由を聞いてみると，「合わんのや」と言われました。「何で？　今まで仲良くしてたやん……」と思いました。

　しょうがないかと思いながらも，やっぱりどうにかしないと，と思ったので相談します。

　何か，仲をとりもどすいい案はないですか？　教えてください。みんなには，言わないでください。お願いします。

　私も，もう一度考えてみるので，よろしくお願いします。

　日記指導を継続していると，子どもたちの楽しみや喜びをたくさん知ることができます。でもそれ以上に一番の収穫は，この日記のように子どもたちの悩みや不満を知ることができることです。これは日々の生活からだけでは，なかなか見つけることはできません。

　とにかく，このような日記が提出されたら，必ず本人を呼んで話をすることです。直接話を聞くことにより，その子の悩みに寄りそうことができます。

　「もしよかったら，先生が相手の子に話をしてみようか」と話しかけるとよいでしょう。

第1章　教室を不思議なおとぎの空間に

次のような恋の悩みもあります。

● 私は今，好きな人がいるんです。告白しようと思います。
それで，先生だったら，手紙で伝えるか，友達に言ってもらうか，自分で直接言うか，どれがいいですか？
　それと，好きな人が二人いるんです。一人は元気で頼りがいがあって，いっしょにいて，あきないカッコイイ人です。
　もう一人は優しくて，多分，両思いだと思います。みんなは「変」って言うけど，二人とも大好きなんです。
　先生だったら，どっちを選びますか？　教えてください。お願いします。

● 明日は14日，バレンタインデーです。いやだなー。もてない男にとっては最悪の日ですね。先生。バレンタインデーを考えた人を恨みます。もともと昔からあったとは思いません。本当に誰が作ったのか……
　まーせいぜい僕は2個ぐらいですよ。おばあちゃんとお母さん……なさけない。
　恵まれない子に愛の手を。誰かください。もてる子はいいですね。最高の日ですよ。これほど明暗を分ける日があるのでしょうか。
　先生は誰からもらえますか。先生は自分でもてる，もてる，というけど，今まで見た中で，そういう人に限って，もてないんですよ。
　光ゲンジなんか，昨年もらったチョコレートをアフリカの人たちに寄付したというぐらいだから，すごい数です。
　ぜひ分けてください。

二つとも，大変微笑ましい日記です。

43

私のクラスでは，悩みごと，相談ごとなど，恥ずかしがらずどんどん書いてきます。特に女子に多いです。私の知らない子どもの中の世界を日記から知ることができます。こうなれば，子どもたちとコミュニケーションを図るという点では目的が達成されています。
　時には，次のような本音も出てきます。5年生です。

● 「やったー！　おやつ200円。」
　　今日の3・4時間目に，校外学習とお祭りのことについて，話がありました。
　　校外学習のことで，はっきりと覚えているのは，電車の中では，お年寄りや体の不自由な人に席をゆずる，ということです。
　　そのあと，お祭りのことで話がありました。私はお母さんと行きます。ちょっとさびしいです。
　　校外学習もお祭りも，とっても楽しみです。約束を守って，きちっとしようと思いました。

　気になったのは『ちょっとさびしいです』という一言です。
　本地域では，秋に大きなお祭りがあり，どの学校も午前中の早い時間に授業を終え，子どもたちはお祭りに参加しています。
　子どもたちにとって，このお祭りは，大きな楽しみになっています。
　本校でも，このお祭りには，高学年は友達どうしで行けることになっています。グループができない場合は，お家の方の付添が必要です。
　たいていは友達どうし，誘い合って参加していますが，毎年，グループに入り切れない子ができ，教師が調整することになるため，事前指導には苦労します。
　この日記を書いた子は，お家の人と行くということを，以前から私に話していたのですが，おそらく，グループには入れないということを予

感していたのでしょう。

　明るい子なので，全然気にはしていないように思えても，やはり友達と行きたいのが本心というものです。

　日記を読んで，何とも切ない気持ちになりました。

　私は，その子を呼んで，次のような話をしました。

> 　○○さんは，校外学習とお祭りのことでとってもいい日記を書きましたね。先生の言ったことがしっかりと心の中に入っているので感心しました。
>
> 　ところで，『ちょっと寂しいです』と書いてあるけど，何が寂しいの？
>
> 　一緒にお祭りに行ってくれる優しくて，すてきなお母さんがいて，とっても幸せじゃないですか。
>
> 　もし，友達と行けないから寂しいのだったら，何も心配ないよ。友達なんて，これから中学校，高校，大学あるいは職場で，たくさんみつかるのです。
>
> 　実は，先生が今付き合っている友達なんて，みんな中学校からあとの友達で，小学校時代の友達はいないのです。
>
> 　先生は神戸の出身だから，小学校の友達なんて，今はみんなバラバラで誰がどこにいるのかも分からないぐらいなのです。
>
> 　だから今，友達がいなくて困っていても○○さんのような明るくて活発な子には，これからいくらでも友達はできますよ。だから安心しなさい。

　"ニコッ"と笑うその子の顔が，とても印象的でした。

　日記指導を続けていると，このような何気ない表現の中に，隠されている子どもの本音を見つける力が付いてきます。

これは，毎日続けて日記指導を行っている成果であると言えます。
　日記指導を継続していると，子どもたちの楽しみや喜びをたくさん知ることができますが，でもそれ以上に一番の収穫は，この日記ように，子どもたちの悩みや不満を知ることができることです。
　これは日々の生活からだけでは，なかなか見つけることはできません。
　以前，あることで私の指導が一貫せず，例外を認めたことがありました。
　その時，その例外を認めたことで，「先生は，勝手ですね」と日記に書いてきた子があったのです。
　普段の様子からは考えられないその子の行動に動揺し，慌てて対応するという始末でした。
　日記を書かせていないと，まったく気がつかなかったその子の一面です。今思い出しても，あの子がなぁ……と冷や汗が出ます。
　このように，日記は子どもを知る有力な方法です。
　やはり毎日書くということは，子どもたちに構えを作らせず，気楽に取り組める雰囲気を作り出しているのだと思います。
　以下，そんな本音が出る日記を書かせるための具体的な手立てをいくつか紹介します。

（3）「日記指導」を軌道に乗せるためのいくつかの手立て
① 「日記紹介タイム」を設定する
　日々，忙しい毎日ですが，子どもたちの日記を紹介する時間を一日の日課の中に設けます。
　この日記紹介は，子どもたちが日記を書くための参考になります。毎日，時間を見つけては，参考になる日記，おもしろ日記，がんばり日記を口頭で紹介していきます。もちろん，プライバシーに係る内容のものは避けます。

第1章　教室を不思議なおとぎの空間に

　初めのうちは，同じ子が何度取り上げられてもかまいません。内容のよいものは必ず取り上げ，参考にさせます。名前を隠せば同じ子の日記だとは分かりません。

　もちろん，学級通信等に紹介する場合は，全員が平等に載るように配慮します。これは鉄則です！

　この日記紹介，最初が肝心で，意欲に満ちたものは，すかさず取り上げ，徹底的にほめます。それも大げさに！

　例えば次のようなものです。

● 「毎日，日記を宿題にする。」と先生が言われた時，毎日なんて書くことがないな〜と思いました。今日なんかも，そう思います。

　　でも，私は100日続けてみたいです。毎日，大きなできごとはないかもしれないけど，ちょっとしたことを おもしろく書いてみたいと思います。

　　日記が，100日続くか続かないかわからないけど，できるところまでがんばりたいと思います。

● 「なんと，○○さんは，7ページも日記を書いてきましたよ！」
と先生が紹介しました。
　「すっごーい。7ページ？　私，書いたことなーい。最高何ページだっただろう。」
　　○○君も40回連続！
　私の方はといえば，あと3回したら40回だ。60回になった○○さんには，とてもとても，なかなか追いつけません。
　　おまけに，○○さんは，日記帳3冊目すごいな〜
　　けど，ガンバルゾ！

日記紹介タイムの中で、このような日記を紹介することにより、クラスに"プラス風土"が作り上げられていきます。
　紹介された日記を参考にし、自分の日記に取り入れる子が出てくるのです。そんな日記もすかさず取り上げほめます。
　この"プラス風土"というのはとても大切です。クラス全体が前向きな姿勢に感化されるからです。
　そうしているうちに、子どもたちはこの日記紹介の時間を楽しみにするようになってきます。
　この日記紹介タイムを3カ月ほど続けると、もう誰も日記の宿題を嫌がる声はあげません。それどころか、書くことに楽しみを見出すようにまでなってきます。

②　「チャレンジ3・1・1」で挑戦意欲を掻き立てる

　高学年になると、「チャレンジ3・1・1」というような方法も取り入れます。
　これは、年間で詩の暗唱30編、日記帳10冊、漢字帳10冊というクラスのがんばり目標です。
　このような目標があるだけで、猛然と頑張る子どもたちが出現します。日記の文章も必然的に長くなってきます。
　とにかく、毎日の生活で、チャレンジ項目が多ければ多いほど、子どもたちは自分に合った可能性を見出し、挑戦していきます。

● 　今日、6月19日、日記が40回続きました。100日連続日記まで、あと60回になりました。
　　日記帳も2冊目の半分までとうとうきました。
　　最初のころとちがって、日記がどんどん書きたいです。
　　とても楽しくなり、字も（自分で言うのはなんだけど）きれいに書

けだしました。

　今は2冊目で、チャレンジ3・1・1の10冊目までいけるかどうか、できるだけがんばってみます。

　100日連続日記ができたら、120日連続日記を目標にし、自分なりにがんばりたいと思います。

③　「遊び心」も大切

　私の尊敬する有田和正氏は、日記にもユーモアを取り入れました。

　例えば「R」「ござる」「ござんす」といった文末表現です。子どもたちは、これをとても喜んで使います。

　ただ、この取り組みをする時は、事前に保護者に学級通信等でお知らせをしておくほうが無難です（笑）。

● 「めちゃめちゃ、きんちょーしたー」
　今日、私は社会の資料集にのっていた電話番号で電話したのでR。そしてお米のことをいろいろ聞いたのでR。
　私は、そういう電話は初めてなので、めちゃめちゃきんちょーしたのであったのでR。
　私は資料を送ってもらうように頼んだのでR。
　電話を切った後、ものすごくきんちょーして足がガクガクしてこまったのでござる。
　この日記を書く時も手がガクガクふるえているのでR。

● 『めだかを知っていますか？』
　「知っとる。あたりまえやんか。」
　今日は参観日でござる。メダカのこと、実は私はあまり知らないのでR。みんなは知っているのかなぁと思ったら言葉のわりに知らない

のでござんす。私も知らないけど……
　思ったとおりに書いたのだけど，どうも変になったのでござる。でもみんなの方がすごいのでR。
　クジラを書いたり，キバがむき出ていたり……本当のメダカとは全然ちがうものになっていたのでR。
　もっと研究をした方がいいでゴザルなぁ。

　時には，ファンタジー作文を書かせてみてもよいでしょう。現実から離れて遊んでみるのです。
　子どもたちの発想の豊かさに驚かれると思います。

● 今は21世紀。私たちはもう大人のはずですが，まだ子ども。
　それというのも，平成元年の終わりに年をとらない薬ができたからだ。
　それを飲むと，それ以上年をとらないのだ。三河小学校の4年生は全員それを飲んだのである。もちろん古川先生も飲んだのだ。
　それで今も元気に4年生をしている。先生は，年をもうとらないですむと言って大喜びだ。
　もう，21世紀なのだから，世界は何から何まで機械がやってくれる時代になっている。それで，三河小学校の4年生の教室も全部機械だ。
　机は新発売の新しい机で，いすはフワフワのとても気持ちのいい椅子だ。先生がだれかを呼ぶと，ボタン1個でそのいすが先生の所までつれていってくれる。床までがフワフワなのだ。
　本当に教室が『ワンダーランド』になっている。何もかもがボタン1個である。給食も紙に食べたいものを書いて「給食ポスト」というのに入れるとそれが出てくる。とてもおもしろい夢の教室だ。

● 「先生，お元気ですか？　お久しぶりです。あれから20年もたっているんですねぇ。20年前はとても楽しかったですね。

　もどりたいなぁと思っても，もどれないのが残念です。

　百人一首や100日連続日記などいろいろとやって本当に楽しかったなぁ。みんなで集まって百人一首をやってみたいです。

　これからも，お元気にお過ごし下さい。さようなら。

（4）　マンネリ化を防ぐ「評価の工夫」を！

　最後に，マンネリを打ち破るチェック機能をご紹介します。

　実はマンネリ化対策は，どのような取り組みにも一番大切だと思っています。何をするにしてもマンネリ化は避けられないからです。

　普段は，返事と一緒に，その内容によって，ＡＡＡ（すばらしい）とかＡＡ（いいね），Ａ（まずまず），Ｂ（もう一息），Ｃ（もっと真剣に），Ｄ（やり直し）など評価をつけてやると喜びます。

　この評価が飽きてくると，さらに，ＡＡＡＡとかＡＡＡＡＡなどとレベルアップをしていくと，またまたやる気を出します。

　さらに，その記号に点数をつけ，ＡＡＡ（3点）ＡＡ（2点）Ａ（1点）などルールを定め，点数を加算していくと，「やった300点！」というように，点数でやる気を出したりもしました。

　時々ぞろ目になった時，「777点で，フィーバー5点プラス！」などと遊び心も入れていきます。

　それからあまりにも日記が面白くない時など，次のような方法でチェックを入れるのもよいでしょう。

　まずは，提出された日記を返します。

先生は，今，ざっとみんなの日記を読みましたが，おもしろくないので返します。

　今から，先生が，次々と質問していくので，10点中で何点か，その日記の空いているところに書きなさい。

　10個の質問をします。全部で100点満点になります。

　その1．日記に日付を書いていますか。曜日は抜けていませんか。

　　　　日付，曜日が書けていれば10点です。どちらかが抜ければ5点です。両方とも抜けていれば0点です。

　その2．題は書けていますか。

　　　　書けていれば10点です。書けていなければ0点です。

　その3．「2ページ書く」という約束が守れていますか。

　　　　守れていれば10点です。1ページなら5点です。それ以下なら0点です。

　その4．自分なりに，一番最高の字で書けていますか。

　　　　10点満点で自分の字を評価しなさい。

　その5．クライマックスの書き出しができていますか。

　　　　できていれば10点です。できていなければ0点です。

　その6．文が長すぎませんか。

　　　　全体的に一文に一つのことが書けていると思う人は10点です。一文の中に，二つ以上のことを書いている箇所がいくつか見当たると思う人は5点です。全体的に文がだらだらと長いと思う人は0点です。

　その7．「。」をつけた行を変えていますか。

　　　　変えていると思う人は10点です。変えていない文があると思う人は5点です。変えていないと思う人は0点です。

その8．行を変えたら，1文字分，空けていますか。
　　　　空けていると思う人は10点です。空けていない所があると思う人は5点です。空けていないと思う人は0点です。
その9．事実だけではなく，自分の思いや考えが入っていますか。
　　　　入っているならば10点。入っていなければ0点です。
その10．ユニークな表現を取り入れようと努力していますか。
　　　　10点満点で自分の日記を評価しなさい。

以上です。自分の日記の点数は何点ですか？　100点満点の人？では90点以上の人？　80点以上の人？……
もう，6年生が始まって8カ月が経過しました。最低でも80点の日記を目指し，もう一度努力してごらんなさい。

　ざっとこんな感じです。驚くことに，この評価の観点をプリントにして配付しておくだけで，翌日の日記を見てビックリします。ほぼ全ての子の日記が見違えるようによくなっているからです。
　これに漢字を使っているかを加えてもよいと思います。「今日使った漢字の数」を日記の最後に書かせる方法など，効果的でした。
　このような評価方法はマンネリ化を一時的に打開する方法として極めて有効でした。やってみる価値はあると思います。ぜひ，お試しください。

（5） 300日連続日記を達成した6年生の日記

それでは最後に，300日連続日記を達成した6年生最後の日記の中から，男女1点ずつ紹介します。

● これで，小学生である僕が書く最後の日記です。
　この1年間をふり返ると，思い出が本当に泉のようにいくらでもわいてきます。
　6年生34人のみんなと先生と過ごした1日1日の日々が，なつかしいかぎりです。
　楽しかったこと，悲しかったこと，苦しかったこと，色々あったけど，みんなと過ごしたこの1年，最高でした。
　このすばらしい34人と共に学び，笑い合ったことを誇りに思います。だけど先生，○○君とは23日の卒業式でお別れです。
　でも先生は言いましたよね。「別れがあるからこそ人の世は美しく，出会いがあるからこそ人の世はすばらしい」と。
　だから，この別れは新しい出会いへの旅立ちだと思います。別れは悲しいことですが，その別れにより，新たな出会いが生まれるのですから。この別れを後へ後へとは引きずらず，みんなと共に輝かしい未来へと歩んでいきたいと思います。
　先生とみんなのおかげでこの1年間，とても楽しく過ごせました。
　今まで，本当にありがとうございました。
　みんなと先生の未来がすばらしきことを祈りつつ，小学生最後の日記を閉じたいと思います。
　本当にありがとうございました。

● この1年間で，私は先生や友達からたくさんのものをもらいました。

その中で，私にとって宝物になった4文字の言葉がありました。それは「やさしさ」です。
　私は，今日の○○君のお別れ会の時，泣いてしまいました。みんなが私にやさしさをくれたから，こんなやさしい気持ちになれたのだと思います。
　○○君は，卒業したら佐用に行ってしまうけど，ずっと私達35名は仲間だということを忘れないでほしいです。
　そして，お世話になった先生!!　絶対，絶対，絶対，私達のことを忘れないでください。古川先生はおっしゃいましたよね……ずっと私達のみかただ!!　って。私は本当にうれしかったです。
　最後の1年間は，毎日がキラキラと光る星のようでした。今までみんなありがとう。そして先生，本当にありがとうございました。
　3月23日は，私達が本当に心を一つにする日!!
　さようなら，先生……

　このように日記で，教師と子どもとの心の絆をつなぎ，学級掌握力を補強します。
　私の著書には，これ以外にもたくさんの日記を紹介しています。
　よろしければ，以下の拙著をご覧ください。
● 『子どもの心をどうつかむか』（明治図書，1997年）
● 『6年生の学級経営・絶対成功する年間戦略』（明治図書，2006年）

4 人間関係力・学級掌握力を同時に強化する！

　さて，これまでに述べてきたような方法で，「人間関係力」と「学級掌握力」を紡いでいくわけですが，もちろんそれらは強ければ強いほどよいのです。紡いだものの，それが，軟弱だとすぐに破れてしまいます。
　例えば，ペーパーのような軟弱な「縦糸」「横糸」ではダメなのです。強化しないといけません。

　ここでは，その「人間関係力」と「学級掌握力」を同時に強化するための方法を３つのカテゴリーに分けて紹介します。
　その３つのカテゴリーとは，以下のものです。

１．みんなで楽しいことをする
２．みんなで一つのことに取り組む
３．全員達成の事実を作り出す

　これらのことを実行することにより，子どもたちどうし，そして教師と子どもたちとの関係は，確実に深まっていきます。

1　みんなで楽しい事をする　－古川学級伝説的行事－

　「人間関係力」と「学級掌握力」を同時に強化する最大の方法は，みんなで楽しいことをすることです。例えば学級イベントです。それも，大胆に仕組みます。
　学級でパーティーなどのイベントをすると，普段の学習では決してできないような出し物が必ず登場します。

第1章　教室を不思議なおとぎの空間に

　どの子も楽しみながら準備をします。いろいろな分野でいろいろな子どもが活躍するのです。隠れた才能が発揮されるのです。
　学級イベントは，いわば裏文化復活をめざしています。
　過去の古川学級には伝説的行事というものがあります。その伝説的行事を3つ紹介します。

（1）　朝の9時から昼の3時まで続く！
「とんでもないクリスマスパーティー」

　新任2年目，5年生を担任していた時の実践になりますが，朝9時から昼の3時まで続くまさしく「とんでもないクリスマスパーティー」というのを子どもたちは企画しました。
　計画書はクラス全体で15枚になりました。しかも学校で普段持ってきてはいけないようなものを食べようというおまけつきです。
　さすがに校長先生に叱られるのではないかという心配から，最後には校長先生にまで交渉に行ったという記録が残っています。
　この1日パーティーは，子どもたちに，とてつもない影響力があります。こんなこと，まず普通の教師はしません。いろいろと煩わしいからです。
　でも，子どもたちにとっては，非日常的であり，強烈に印象に残るようです。
　時間的な批判もありますが，週に1時間の学級の時間を5回分集めてやるという裏ワザ？　を使います。
　とにかく，このような楽しいイベントをどんどん仕組むのです。
　若い時は，授業に向けて勉強することは必要です。学校の実務をこなすことも大切でしょう。
　でも，若い時だからこそ「できる」事もあります。
　第三者から見ると少々"冒険的実践"を，子どもたちのために具現化

する熱い志と実行力を，若い先生方は持たなくてはならないのではないでしょうか。

では，当日までの経過を，当時の学級通信の記録から抜粋します。

【とんでもないクリスマスパーティーまでの歩み】

① 第1回学級会
　提案と内容説明
　各班，計画書に取りかかる。
② 第2回学級会
　計画書（クラス全体で15枚の文書）をもとに，会の持ち方についての話し合い。
　各班の基本的なコンセプトは，簡単にまとめると次の通りである。
（1班）　キャンドルサービス。
　　　　サンドイッチ，おやつ，ジュースなどを飲食する。
（2班）　キャンドルサービス。おやつを食べる。
（3班）　おやつの食べ放題。教室を派手に飾る。
（4班）　おやつの食べ放題。
（5班）　普段，学校で食べられないもの，学校にもって来てはいけないものをビッグに食べる。一日使って，おおいに遊ぶ。

　　　　学校で何かを食べることに学級で合意する。
（※次の写真が，その時の計画書の一部です。）

第 1 章　教室を不思議なおとぎの空間に

③　校長先生交渉

　学級 29 人のお願い文に，参考文献及び計画書を添えて，校長先生に交渉する。（大筋は，合意に達す。）
（※次の写真が，その時のお願い文です。）

④　第 3 回学級会
　プログラム案の提示と話し合い。
⑤　第 4 回学級会
　プログラム決定。準備にかかる。
　以上のような過程をへて，いよいよ当日を迎えることとなる。当日は，次のプログラムをもとに進行することになった。
１．前半準備
２．始めの言葉

3．ゲーム（集会係）
4．班の出し物　Ｐａｒｔ１
　　（1）　2班…劇「男女6人物語」
　　（2）　1班…劇「仮想行列」
　　（3）　3班…劇「腐ったフルーツの旅」
5．個人の出し物
　　（1）　「孝・幸」演劇クラブ…「ラブ・ストーリー」
　　（2）　ダンダ団…劇「史上最強の怪獣」
6．クリスマス調理実習
　　● 　1班…「サンドイッチと焼きそば」
　　● 　2班…「クレープとたこ焼き」
　　● 　3班…「フルーツヨーグルトとフライドポテト」
　　● 　4班…「ミートスパゲティー」
　　● 　5班…「スーパースペシャルパフェ and カクテル」
7．ビデオ and ランチタイム
8．後半準備
9．先生の歌…「ＳＨＯＷ　ＭＥ」
10．班の出し物　Ｐａｒｔ２
　　（4）　4班…劇「一寸桃太郎」
　　　　　　　ここで飛び入り漫才
　　（5）　5班…ゲーム「ザ・ウルトラゲーム」
11．みんなの歌「ジングルベル」
12．先生の言葉
13．終わりの言葉
14．万歳三唱

　計画書作成，校長先生交渉など，このパーティーの実現までのドラマ

は，私がさりげなくそして意図的に仕組んだ演出です。

　子どもたちは，このパーティーが最高におもしろかったらしく，この年の思い出ベスト10では，満票に1票足りなかったものの堂々の第1位に輝いています。

　あれから，もう25年以上たった今でも，そのパーティーの感動は，私の心に残っています。若さゆえに無謀なところもあり，やり過ぎの感もぬぐえません。

　ただ，みんなでやり切ったという清清しさは，今でもはっきりと覚えています。若き日のなつかしい思い出です。

（2）　様々な種類のラーメンをミックス仕立て！
　　　　　　　　　　　　「ラーメンを盛大に食べよう会」

　こちらは教職3年目，6年生を担任していた時の実践です。

　当時の学校は，まだ土曜日に授業がありました。その土曜日の昼から，みんなで川原で遊ぼうということになりました。

　実は当時，よくこんなことをやりました。土曜日の午後は，色々なことに利用できるゴールデンタイムでもありました。

　しかし，ただ集まるだけではもったいないということで，全員にどんなラーメンでもいいから1個ずつ持ってこさせました。

　実にさまざまな種類のラーメンが集まりました。当時の記録によれば，ざっと次のようなラーメンを子どもたちは持ってきたのです。

- 好きやねん　しょうゆ味
- 好きやねん　みそ味
- わんぱくラーメン
- さっぽろ一番　塩ラーメン
- チキンラーメン
- チャルメラ　しょうゆ味

・さっぽろ一番　みそラーメン
・出前一丁
・ヤクルトラーメン
・好きやねん　塩味　　　　　などなど一挙に 28 個

　その後，川原で火を起こし，大きな鍋にこれらを全部放り込み，みんなでいっせいに食べたのです。
　何でもやってみるもので，これがまた実においしいのです。
　最初は味に不安がっていた子どもたちでしたが，食べ始めると，あの鍋の中のそうめんみたいなラーメンがいっぺんになくなってしまったのです。もちろんスープまでも……
　今考えると確かに冒険的ではあります。しかし，こんな思い出をたくさん作っていくことも小学校教育として大切なことではないかと思っています。
　その時の様子を，当時の子どもの日記から紹介します。

● 「こんなの食べれるの？」
　そう言いながら，みんな食べ始めました。
　　今日は，楽しみにしていたラーメンを盛大に食べよう会でした。私は塩ラーメンを持っていきました。
　　川に行って，まず火起こしをしました。始めは新聞に火をつけて炭を燃やしました。それからまきをくべました。水を入れて鍋を火にかけました。鍋がすすで真っ黒になってしまいました。鍋を持つところもとけて黒くなってしまいました。
　　先生が「あ〜あ」と言いました。
　　水が沸騰したので，めんを入れました。ポンポンとみんな投げ込みました。全員のめんが入りました。

> 　めんがやわらかくなったので，スープを入れました。やっと食べる時がきました。
> 　最初は，あまり食べる気がしませんでした。とてもおいしそうには見えませんでした。
> 　思い切っておわんにラーメンを入れてズルズルと食べました。意外にもとてもおいしかったので，いっぱいおかわりをしました。スープもきれいに飲んでしまいました。
> 　「おいしかった〜」
> 　○○さんにゆで卵をもらって食べました。おなかがいっぱいになったので，かわらで遊びました。
> 　先生，今日はありがとうございました。また思い出が増えました。

　このイベントは今でもできます。家庭科室などを利用して，工夫することができます。私の話を聞いて，やった人は何人もいます。

　「まえがき」にも書きましたが，今のような時代，なかなか「馬鹿げたフェスティバル文化」（金森俊朗氏）を実行することができません。

　しかし若い時は，無理を承知でこのような体験をしてみることも大切なことのように思っています。

　教室では得られない貴重な学びを，子どもたちとともに共有することができるからです。

（3） 馬鹿げたフェスティバル文化 「我慢比べだ，汗かき大会」

　『古川学級伝説的行事』……普通では考えられないイベント，この「我慢比べだ，汗かき大会」は，その極みであり，まさしく"馬鹿げたフェスティバル文化"の頂点です（笑）。

　ただこの実践は，今の私たちには，少々勇気のいる実践です。と言う

かできません！ 今の時代，このようなことをやると危険です！

　あくまでも，子どもたち，そして保護者との「信頼」という土台にたった学級経営がなせる業であります。上辺だけ真似をしようとすると，痛い目にあいます。やってはいけません。

　若気の至りと言おうか，怖さ知らずの勢いだけの実践です。

　しかし，逆に言えば，もう二度とできそうにないからこそ，伝説的行事なのかもしれません。

　その時の様子を当時の学級通信から抜粋します。やはり，6年生ですが，年度は明記しないことにします（笑）。

遊び・学級イベント・裏文化
……古川学級伝説的行事『我慢比べだ，汗かき大会』

　6月19日の土曜日，6年生の教室で"我慢比べだ，汗かき大会"を行いました。1時間目から窓を閉め切り，暖めて？おいた教室をさらに電気ストーブで過熱します。

　このホットな状態の中，長袖・長ズボンをまとい，何とカップヌードルを食べるという想像をはるかに超えた？学級行事です。

　子どもたちは，学校でカップヌードルを食べるなんて，しかも授業中に食べるなんて信じられない！と言いながら，はしゃぎまわって喜んでいました。

　優勝者は，何枚もの服を重ね着し，汗をダラダラ流した〇〇君に決まり，カップヌードル2食分を賞品として受け取りました。

　過去担任したクラスを含め，古川学級には『伝説的行事』といって，普通では考えられないイベントがいくつかあります。

　学校の教室，しかも授業中に，汗をかきかきカップラーメンをみんなで食べたという思い出もまた，『古川学級伝説的行事』として，きっと子どもたちの心の中に残ることと思います。

第1章 教室を不思議なおとぎの空間に

　これらの実践の他にも，夜の校舎全体を"恐怖の館"に仕立て上げ，保護者にもスタッフになっていただいて行った「恐怖！　おばけ屋敷」など，古川学級は，冒険的実践に満ち溢れています。
　（※これらも，前項で紹介した2冊の著作に掲載しています。）
　今考えると確かに無茶なことをしていると思います。しかし，こんな思い出をたくさん作っていくことも小学校教育として大切なことではないかと思っています。
　若い先生方に伝えたいです。今はこのようなことはできませんが，時代に合った冒険をするのです。それを見つけ出すのも，またおもしろいものです！
　若い時だからこそ，「できる」ことがあります。
　ただ，ひたむきに教育だけに打ち込むことができる青春時代は，再び訪れないのですから……
　若い先生方，冒険は今しかできません！

2　みんなで一つのことに取り組む

　「人間関係力」と「学級掌握力」を同時に強化する2つ目の方法は，みんなで一つのことに取り組むことです。

（1）　プルトップ回収大作戦でクラス一体となる！
　平成16年度に6年生を担任した時の総合的な学習の時間のテーマは，『人のためになる活動を行なう　―ドラム缶一杯のプルトップを集めよう！―』でした。
　プルトップというのは，ジュース缶などの飲み口についている金具のことでプルタブとも言っています。
　6年生は，5年生だった1年前の5月末，総合的な学習の時間の一環

として町内の目の不自由なAさんを学校に招き、お話をうかがいました。

その時、Aさんが話された「アルミ缶のプルトップをドラム缶1杯分集めると、車椅子1台に代わるんだよ。」という言葉が、この活動を開始するきっかけになったのです。

その後、5年生終了時の段階で、ドラム缶の5分の4程度までは集められていたのですが、確実に1台に代えるためにはあと一踏ん張りの取り組みが必要とされました。

この活動をこのまま終わりにするのは残念であるため、6年生の1学期、この活動を継続させることにしました。

名付けて「プルトップ回収最終作戦」です。実際に次のような活動を展開していきました。

① 活動を考える

まずは、今何をすれば1学期で集めきることができるかを考えさせました。

次の写真がその時の様子で、次の6つの活動が考え出されました。

- ビラ作成
- ポスターはりかえ
- ゴミ箱用ポスター作成
- 回収マップ作成
- アルミ缶からプルトップ回収
- 児童集会でアピール

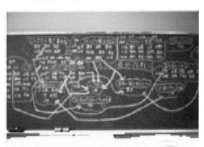

第1章　教室を不思議なおとぎの空間に

②　実際の活動の様子

それぞれのグループは，各自で相談し，プルトップ回収最終作戦を実行していきました。

次の写真は，アルミ缶からプルトップを回収するグループ，児童集会でアピールするグループ，そしてビラを作成するグループの写真です。

アルミ缶からプルトップを回収するグループ　　児童集会でアピールするグループ

ビラを作成するグループ

③　社会福祉協議会へ寄託

校内，各家庭，町内商店などの協力もあり，回収開始から，約1年の歳月をかけ，ようやくドラム缶一杯分のプルトップを回収することができました。

7月8日，そのプルトップを寄託するために社会福祉協議会を訪れました。その後，子どもたちは，車椅子に交換される日を楽しみに待つこととなりました。

④ 児童の思い

　この活動のまとめとして，子どもたちがどのような思いを持ったのか作文にまとめさせました。そのうちの一つを以下に紹介します。

僕たちのプルトップ回収

　「プルトップをドラム缶一杯集めると，車いすと交換できます。」
　僕たちのプルトップ回収は，この言葉から始まりました。
　５年生の時，総合の学習で，目の不自由なAさんに学校に来ていただいて，お話をを聞いたことがあります。その時に，このことを教えていただいたのです。
　僕は，それまでアルミ缶やスチール缶についているプルトップをそのままゴミ箱に捨てていました。このことをもっと早く知っていれば，クラスや学校や地域の方々に呼びかけて，今では車いす２台か３台と交換できていたかもしれません。
　Aさんのお話を聞いて，まずクラスで取り組んだことは，さわやか児童集会で学校全体に呼びかけたことです。それから，学校用や地域用にポスターやチラシ，そしてプルトップを入れる箱を作ったりしました。小学校でユニセフ募金のために集めているアルミ缶からプルトップをはずしたりもしました。その他にも，ゴミ箱にはる

第 1 章　教室を不思議なおとぎの空間に

ためのポスターを作ったり，回収箱のある場所が分かるような回収マップを作ったりもしました。

　自分で取り組んだこともあります。5 年生の時です。夏休みに友達と二人で，ポスターとプルトップ回収箱を持って，お店にお願いをしに行きました。結果は，567 個ほど集めることができました。学校のみんなに配るためのポスターも作成しました。アルミ缶からプルトップをはずす作業もしました。

　これらの活動をして思ったことがあります。それは，目的を果たすのは大変だということです。協力してくれる人や協力店を探すことが何よりも大変でした。

　200 リットルの量のプルトップを集めるのも大変でした。200 リットルは，決して少ない量とは言えませんでした。

　でも，うれしかったこともたくさんあります。まずは，みんなが協力してくれたことです。お母さんの知り合いがガソリンスタンドで働いていて，1 リットルのアルミ缶がたまったら，持ってきてくれたりもしました。

　協力をお願いしに行ったお店が，全部協力してくださったこともうれしかったです。

　もし，A さんに出会っていなかったら，こんな目標はありませんでした。すでに今ではドラム缶 1 杯分になっていると思います。1 学期の間に，社会福祉協議会に持っていく予定です。

　この活動を通して，自分の生き方のプラスになったことがあります。今はまだ，車いすに交換できていないけど，人の役に立つことをすることは，とてもすばらしいことだと分かりました。僕たちの力で手に入れた車いすを喜んでくださる顔が早く見たいです。大勢の協力で，1 人の人が助けられると思うと，本当にうれしいです。

　集める時には，うれしいことも大変なこともありました。でも僕

は，このプルトップをみんなで集めた体験をこれから先にも生かしていきたいです。みんなにこの活動が広まればいいなと思っています。
　　この学習は，大人になっても忘れたくないと思っています。
(N・U)

　200リットルのドラム缶一杯……
　今，この活動をやり終えて，ある一人の子と話をする機会がありました。その子は私に次のように話しました。
　「最初は僕たちにとって，見当もつかない大変な数字でした。あんな小さなプルトップが本当にドラム缶1杯になるのだろうか……そんなことを思っていました。」
　まさしく本音です。でも，一人ひとりが小さな行動をコツコツと積み重ねることにより，次第にこの活動は大きなうねりを生むことになりました。
　まさしく，「塵も積もれば山となる」「小さなことからコツコツと！」です。
　作文の中にもあるように，この活動は子どもたちの意識の変化をもたらしました。「力を合わせればできるのだ！」と。きっと，どの子も大きな自信と勇気と喜びを得たに違いありません。
　まさしく「大人になっても忘れられない学習」になったと確信しています。
　このプルトップ，社会福祉協議会のご厚意もあって，何と，早くも8月に車椅子に交換していただくことができました。子どもたちは，大喜びでした。
　私のこの取り組みを知って，同様の挑戦を行ったクラスが全国にいくつかあります。

第1章　教室を不思議なおとぎの空間に

みんなで一つのことに取り組むと，子どもたちはクラスへの帰属意識を高め，結束し始めるのです！

（2）　NHK全国合唱コンクールで，体当たりの思い出をつくる！

　平成16年度，NHK全国合唱コンクール，兵庫県大会へ挑戦しました。私たちにとっては，夢への挑戦でした。

　結果は残念でしたが，これまで頑張ってきた成果が十分に発揮できたステージでした。

　子どもたちは，4月に出場を決めてから，ただひたすらにこの日まで頑張りました。私たちの指導に懸命に，そして素直についてきました。

　当時，私は，子どもたちが，心を一つにして頑張ってくれたこと，もうそれだけでも満足な気がしていました。

　この挑戦には，保護者も結束してくださいました。自主的に集まり，横断幕を作成し，会場に掲げてくださったのです。

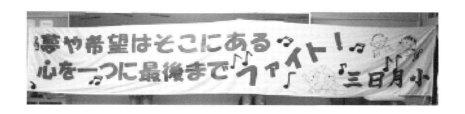

　子どもたち，そして保護者，教師が，文字通り一つになった夢への挑戦でした。挑戦した曲は，次の2曲です。

- 課題曲「未来を旅するハーモニー」（作詞・作曲　吉田美和）
- 自由曲「ビリーブ」（作詞・作曲　杉本竜一）

以下，平成16年度学級記録「軌跡」№38からの抜粋です。

> ### 初出場大健闘！
> ### 全国合唱コンクール ―子どもたちの努力が輝いた日―
>
> 　熱く燃えた子どもたちの挑戦が終わりました。
> 　常連校・合唱団がほとんどの中で，大健闘でした。最後の講評でも三日月小の名前が度々出てきたのは，それを物語っていると思いました。
> 　学級全員で挑戦するというのは極めてめずらしいケースです。しかも男子の数が多いのも異例です。本当によく頑張ったと思います。
> 　前号でも書きましたが，子どもたちは休み時間も，放課後も，一生懸命私たちの指導についてきてくれました。愚痴を言う子はいませんでした。夏の暑い中も頑張り抜きました。
> 　私は，この子たちの歌をピアノの横で聞いていて，何度も涙が溢れそうになりました。それほど感動しました。
> 　結果は負けた形になりましたが，この経験を今後の生活に生かしてほしいと願っています。あのダルビッシュ投手（東北高校）が，敗れた後，「負けたけど，みんなが一つになれたので，悔いはありません」とさわやかに甲子園を去っていきましたが，6年生もそんなふうに思ってくれたらと願っています。
> 　あとで審査員の先生方から，メッセージが届きました。次のように書かれていました。
>
> ● 出だし，すばらしいですね。「先生」「笑い」のフレーズで変化が欲しいですね。男の子が多いからでしょうか，とても力強く安心して聞けました。

第1章　教室を不思議なおとぎの空間に

- 力強さは心持良い！　頑張れみんな！　応援しているから……
- 厚みのある声の響きに特色を感じていました。とても練習した成果が出ていました。頑張りすぎると音程が不安定になるので注意しましょう。
- １クラスのコーラスとしては立派なものです。のびやかな声で男声もいいですよ。音が上ずったり，ぶら下がったりしなくなれば，なおいいですね。

さて保護者の皆様，応援，本当にありがとうございました。子どもたちも心強かったと思います。あの横断幕も，あとの講評で取り上げていただきました。わがクラスの結束を認めていただいたようで嬉しかったです。

　正直，合唱とは，全く無縁の学級集団をどこまで高めることができるのか，正直不安でした。出場して，子どもたちに大恥をかかせてしまうかもしれない……。

　そんな私の心とは裏腹に，子どもたちの意欲は，すさまじいものでした。５月の修学旅行後に練習が始まったのですが，子どもたちは，弱音を吐かずにチャレンジを続けていきました。

　クラス全体が，何か一つのことに，力を合わせて取り組むと，仲間意識が高まるため，次第に結束していきます。

　クラスが大きく動き始めるのです。

3　全員達成の事実を作り出す

「人間関係力」と「学級掌握力」を同時に強化する3つ目の方法は，全員達成の事実を作り出すことです。

私は，子どもたちの中に，全員達成の事実を数多く作り出したいと思っています。

全員達成の事実は学級を劇的に変えます。子どもたちが教師を信頼し，集団への帰属意識を高めるからです。

"三代目6年生"（平成11年度担任）22人には，次の4つの記念日がありました。

1　全員が跳び箱を跳ぶ。
2　全員がクロール・平泳ぎで25mを完泳する。
3　全員が縄跳びの二重跳びで連続5回以上を達成する。
4　全員が逆上がりを習得する。

さらに"四代目6年生"（平成13年度担任）23人にも，次の4つの記念日がありました。

1　全員が跳び箱を跳ぶ。
2　全員が25mを完泳する。
3　全員が縄跳びの二重跳びで連続5回以上を達成する。
4　算数テストで全員が90点以上で平均点90点を突破する。

古川学級には，他にも数多くの全員達成の事実がありますが，年間を通して，これだけの事実を作り出してきたことは，特筆にあたいする出来事だと思います。

以下，順にその時の様子を紹介します。

（1）　全員が跳び箱を跳ぶ

私は，4月には必ず跳び箱指導を行います。全員達成の事実を，いち

第1章　教室を不思議なおとぎの空間に

早く作り出すためです。向山式跳び箱指導法を活用します。

その時の様子を平成13年度学級記録「未来」No.6から抜粋します。

第1回目の記念日です！　―全員が跳び箱を跳ぶ―

　たかが「跳び箱」と思われるかもしれませんが、クラス全員が飛び越しを達成するということは、学級集団の高まりのなかで、子ども一人ひとりの自信をいっそう引き出すうえにおいても、その教育効果は、はかり知れないものがあります。

　それは、跳べない子が跳べるという、一人の子の成長が、学級全員の成長にかかわってくるからだと考えます。

　跳び箱が跳べない子にとっては、そのことは、はた目から見ている以上に苦痛です。でも、全国の多くの教室では、「しょうがない」で片付けられていることがあるのも事実でしょう。

　そこで私は、誰でも可能性があることの証明として、跳び箱が跳べない子を、跳ばせることに毎春奮起しています。

　初めて跳び箱を跳んだ時、子どもの中で何かが変わり始めます。跳んだ子も、それを見ていた子も変わり始めます。可能性を信じ、挑戦する意欲が湧いてきます。

　跳び箱を全員跳ばせた時に成長するのは、初めて跳んだ子だけではありません。それを見ていた子もまた、成長します。「やればできるんだ」「私もがんばらなくてはならない」と思うようになります。一人の成長がクラス全員の成長につながっていきます。一人の変化はクラス全員に波及します。

　私はそういったドラマを数多く教室に創り上げたいと思います。初めて上手な絵が描けた子どもは、宝物のようにしてその絵を持って帰ります。初めて跳び箱を跳べた子は、顔を引きつらせ、全身で

喜びを表現します。私は，子どもたちにそういった経験を数多くさせてあげたいと思います。

　跳び箱は，腕を視点とした体重移動の感覚を身に付けさせることにより，ほとんどの子が跳べるようになります。このことに尽きるといっても過言ではないでしょう。

　4月17日第3校時，私は手袋をはめながら，次のように言いました（ちょっとした演出です）。

　「先生は，この魔法の手袋（もちろん，ただの作業用手袋）で，これまでたくさんの跳べない子を跳べるようにしてきました。今日もこの手袋をはめ，跳べない子を全員跳べるようにします。」

　跳べない子は4人，指導を始めてから10分ほどで，1人が跳べ，そしてまた1人が跳べ，そして最後の1人も跳べました。

　全員不思議そうな表情です。それもそうでしょう，今まで10年間の人生で，できなかったことが，たったの10分ほどでできるようになったのですから……

　その後，他の子どもたちを全員集めた中で，その子たちに跳ばせました。そして拍手！　体育館がすてきな笑顔でつつまれました。クラス全員が4段以上の跳び箱を跳んだのです。特筆すべき，記念の1日の誕生でした！

　全員を跳ばせた後は，楽しいことをしたり，「ノー宿題デー」にしたりします。そして，これからも皆で何かを成し遂げていこうというエールを送ります。

　このような体験を重ねると，今度は子どもたちの中に「次は縄跳びで頑張ろう」とか，「逆上がりで頑張ろう」という意識が芽生え始めます。

　『先生，こんど全員ができたら，パーティーをやろう』と私に持ちかけるようになります。

第1章　教室を不思議なおとぎの空間に

　ここまで来れば，学級経営は成功です。全員が目標を持って頑張るようになるからです。

　記念日をめざす中で，一人ひとりが可能性を信じるようになり，そして，何よりもクラスが，友達の成功を喜び合える集団に変わっていくのです。全員達成の事実にすぐるものはありません！

（2）　全員が25ｍを完泳する

　卒業までに，水泳可能児童全員に25ｍを完泳させることは，小学校体育の一つの目標です。

　もちろん，6年生を担任したら，私はそのことに取り組みます。

　全員が25ｍを完泳した時の様子を，平成13年度学級記録「未来」№42から抜粋します。

また一つ，6Aに学級の記念日が！　―全員が25ｍを泳ぐ―

　水泳指導に入る前に，簡単な調査を行いました。

　25ｍ以上泳ぐ自信がある人は5,6コース，何とか25ｍに到達できるという人は3,4コース，25ｍを泳ぐ自信のない人は1,2コースと，それぞれの段階に応じて集合場所を指定しました。

　1,2コースに集合した人は，A組だけで13人いました。6年生のうちに，せめて25ｍ泳ぐ力をつけさせたい，そんな思いを持って指導に入りました。

　水泳指導が始まってからは，泳ぎ込むことを重点的に繰り返しました。先に書いたように，コースを分け，1日に4,5本，25ｍの練習を繰り返しました。

　私は1,2コースにへばりつき，13人の指導にあたります（B組の泳げない子もいますから，人数はさらに多いです）。

77

横から見ていると，明らかに修正点が見つかります。それをアドバイスしながら指導を繰り返します。もちろん泳いでいる時は夢中になっているので，なかなか直りませんが，手のかき方，呼吸の仕方など指導を加えます。
　そうしているうちに次々と泳げる子が出てきました。
　まずは6月22日に4人，6月25日に4人，6月27日に3人，6月29日に1人と，とうとう後1人のところまで来ました。しかし，あと1人がなかなか到達しません。半分ぐらいまでは行くのですが，そこからが伸びないのです。
　そこで，夏休みの終盤から2学期にかけて，私と二人っきりの特別練習を何回か続けました。そして先週，9月5日（水）に，とうとう25mに到達したのです。
　さて，その当日の様子です。この日は4回目の挑戦。半分までは，いつも通り順調に通過します。他コースの子どもたちも自然と注目し，声援を送ります。
　残りの距離が10m，5mそして2mと，どんどん短くなります。声援も高まります。
　そしてとうとうやりました。25mへ到達です！　みんなからワッと拍手が起きました。
　これは快挙です。23人が全員，25mを泳いだのです。泳げなかった13人が全員泳げたのです。これを快挙といわずして，何を快挙といいましょうか。もう一度みんなで拍手をしました。
　平成13年9月5日5校時，跳び箱に引き続いて，2度目の学級記念日が生まれました。

第1章　教室を不思議なおとぎの空間に

　指導のポイントがこの文章からだけでは分からないので補足します。
『楽しい体育の授業』誌（明治図書）№.46に次の記述があります。

　　ヒトが泳ぐために新しく学習しなければならない基本的なことは，
　①　水中での姿勢の転換。
　　直立の姿勢から水平になること，水平から直立に戻ること。
　　これはどの泳法から学習を始めるにしても，安全に学習を進めていくために欠かすことはできない。
　②　水中を効率よく進むための手足の動作。
　③　泳ぎながら呼吸をすること。
　④　水に対する恐怖感の除去。
　などがあげられる。

（荒木昭好氏，P. 5）

　まさしく，この4か条は水泳ができるようになるためのテクニカルポイントです。
　①については，け伸び，ちょうちょう背泳ぎの指導等，幅広く指導法が紹介されています。
　②についての技術的な指導や，④の水に慣れさせるための工夫などについても，広く紹介されています。
　問題は③の"息継ぎ"（クロール）です。
　鈴木智光氏は，一連の水泳姿勢の中で，クロールの呼吸の負荷が一番大きいとおっしゃっています。（『体育授業づくり全発問・全指示11 水泳編』明治図書，P. 4～15)
　また，松本勝男氏もクロールでの指導のポイントを次の2点に絞っておられます。

一，呼吸
　二，脱力（ゆっくり）
　　　　　　（『楽しい体育の授業』誌，明治図書，No.46, P.31）

　これらからも分かるように，クロールでは「息継ぎ」が大きなポイントとなるのです。息継ぎでつまずく子が多いのです。息継ぎがうまくできるかできないかで進歩に差が生まれてきます。
　さて，クロールの息継ぎがうまくできない子には次の２つの傾向が見られます。

○体が完全にローリングしてしまう。
○顔が前を向き，お尻がさがってしまう。

　まずは，ローリングの問題ですが，根本正雄氏は，クロールの息継ぎとローリングの関係について，『教室ツーウェイ』誌（明治図書）にまとめておられます。（No.143, P.64）
　それによると，ローリングはしてはいけないのではなく，ローリングしなければ息継ぎはしにくいということです。
　つまり，顔だけ横を向けるのではなく，胸も腰も横を向いてプールの壁面に平行になるようにもっていきます。
　こうすることにより，体が受ける水の抵抗は少なくなり，全身が回転して無理のない息継ぎができるようになります。そしてその結果，長く泳ぐことができるのです。
　そこで根本氏は，息継ぎとローリングを意識させるために，次の発問・指示を行っています。

○息継ぎをする時，腰はどこを向いたらよいですか。（同，P.64）

第 1 章　教室を不思議なおとぎの空間に

○へそをプールの壁に向けて，息継ぎをしなさい。　　（同，P.64）

　つまり，腰の向く方向でローリングを意識させるのです。
　なお，体が横になった時は，キックは自然に流しておくように心がけさせます。そうすることにより，無駄な力が入らず，リラックスし，呼吸がしやすくなると言われます。
　これまで述べてきたことからも分かるように，初期の段階では，ローリングの修正にこだわらなくてもよいと思います。ただ，あまり大きなローリングが続くようでは疲れます。
　そこで，息継ぎにステップ指導を取り入れていくことにより，ローリングによる疲労をできるだけ少なくなるようにします。
　根本氏は，クロールの息づき指導に次のステップを用意しています。

　　ステップ 1　空を見なさい。
　　ステップ 2　横を見なさい。
　　ステップ 3　肩を見なさい。

（『教室ツーウェイ』明治図書，№ 130，P.65）

　「空を見なさい」という指示では，ローリングは大きくなる傾向にありますが，顔が水面から出るため，恐怖心が薄れます。しかも，位置関係が確認できるため安心です。
　このステップで息継ぎができるようになれば，ローリングの動きを小さくするためステップ 2，そしてステップ 3 へと移ります。
　このステップ 2，及びステップ 3 を確実なものにするため，目印を作っておくというアイデアが考えられます。
　例えば，指導者が目印のボールを持ってプールサイドを移動する方法などがあります。息継ぎができるようになれば 25 m は泳げます。

（3） 全員が二重跳び（縄跳び）を跳ぶ

　跳び箱，水泳に続いて，縄跳びでも全員達成の事実を作り出します。
　先にも書きましたが，全員達成の事実は学級を劇的に変えます。子どもたちが教師を信頼し，集団への帰属意識を高めるからです。
　全員が縄跳びの二重跳びを完成させた時の様子を平成13年度学級記録「未来」No.84から抜粋します。

執念の記念日！　なわ跳びで，全員二重跳び完成！！

　なわ跳びの時期，二重跳びは華です。カッコいいのです。
　二重跳びのできる児童は，誇らしげです。ただ，難しいのです。ちょっと練習しただけで，できるようになる種目ではありません。
　6Aでも，連続5回以上成功者の数は，練習を始めた10月25日には，13人でした。
　それから3カ月，昼休みの練習をずっと続けた結果，とうとう昨日，最後の1人ができたのです。子どもも私も，あきらめがちになる気持ちとの戦いでした。その弱気な気持ちをふっ切りながらの，まさに執念の記念日でした。
（10月25日）13人→（11月1日）4人→（11月6日）1人→（11月15日）1人→（11月20日）1人→（12月11日）1人→（1月15日）1人→（1月29日）1人　　　　　計　23人

第1章　教室を不思議なおとぎの空間に

　簡単に全員達成とは言いますが，この『全員』というのが実に難しいのです。どのような種目であれ，往々にして，最後何人かができずに終わってしまいます。
　3カ月ほどかかりましたが,子どもたちの努力はもちろんのこと,子どもたちの可能性を信じ，あきらめずに続けることの大切さを私も学びました。
　さて，二重跳びの指導にあたっては，まずは次の構えを徹底させました。

　1．脇を締める。
　　上手な子どもの跳び方を見ていると脇が締まっているのです。脇を締めて手首で回しています。手首を支点とした回転運動になっているのです。
　　脇の下に紅白帽子をはさんだり，タオルをはさんだりすると締まるようになります。
　2．手の平を上にする。
　　手の甲が上を向いてなわを回すと脇は必ず開きます。
　　『爪が見えるようになわを持ちなさい』と指示すると手の平が上になります。
　3．腕を脇につけたまま，肩幅以上に開く。
　　『親指を外に向けなさい』というと，手と手の間隔が広がり跳びやすくなります。
　　ところで，二重跳びのポイントは次の2点です。
　①　なわの回旋スピードを倍にする。
　②　腕を回すのではなく，手首で回す。
　練習の時の注意点を簡単にまとめると，次のようになります。
　1．とび上がった時，ひざを伸ばし，腰を幾分引くようにする。

2．つま先でジャンプする。
3．一跳躍両足跳びをしながら,途中で1,2回,二重回しを入れる。
4．イメージトレーニングとして,なわを持たないで練習したり,片手にまとめてなわを持ち,ジャンプしながら二重回しをする。
5．着地した時,足首と膝を曲げて,ジャンプするタメを身に付ける。

最大のポイントは,なわの回旋スピードをあげることです。そのためには,No.59でも書きましたが,『スーパーとびなわ』が有効です。『スーパーとびなわ』は,なわの回旋スピードをあげるために,手に持つ柄の部分が,通常のとびなわより,かなり長くなっています。東京教育技術研究所等で扱っています。

さて,子どもたちを指導する時,具体的な「めやす」を持たせるために,次の指示を取り入れました。
1．1回旋1跳躍を,30秒間で70回以上跳べるようにする。
2．音が出るくらい手首を速く回す。
3．前にいったり,横へいったりしないで,その場で跳ぶ。
「なわを速く回しなさい」と言うだけでは,なかなか子どもの動きは変わりませんが,このように具体的数値を示すことにより,目標が定められ,励みになります。

さて,これらのことを踏まえ,二重跳びの指導を,次のステップで行いました。
① なわを持たずにリズム打ちをする。
跳んで空中で拍手2回。同じく腰たたき2回。なわを持ったつもりで手首振り2回。
② 膝を曲げてできるだけ高く跳び,二重跳び1回をめざす。ボード上でも練習する。

③ 着地後，またすぐに跳び，途中一重跳びになってもいいので，また二重跳びに入る。「腰抜け二重跳び」と呼ぶ。
④ 腰抜け二重跳びが5回できる頃には，連続二重跳びができるようになる。
⑤ 連続10回できるころから極端な膝の曲げをなくすようにさせる。

それにしても，できない事を次々と克服し，すばらしい軌跡を残していくこのクラス。最後にまた一つ，思い出ができました。

（4） 全員が逆上がりを習得する

いよいよ逆上がりです。
一口に「逆上がり」とは言っても，実はこれが一番の難関です。
なかなかできるものではないのです。引き続いて，古川学級の逆上がり全員習得のドキュメントを紹介します。
平成11年度学級記録「挑戦」No. 84からの抜粋です。

すごい！4度目の記念日だ ―全員が，逆上がりを習得する―

No. 72の「逆上がりはできなくてもよいか」という記事の中で，次のように書きました。

「逆上がりはできなくてもよい」という声があります。確かにできなくとも生きてはいけます。卒業もできます。逆上がりだけが鉄棒ではありません。自分のできる技から入ればいいのです，逆上がりだけができる必要はないかもしれません。
しかし，「逆上がりができなくてもよい」というのは，できるも

のの論理であり，できない子どもが，どんなにみじめな思いをしているか，どんなにできるようになりたいと願っているのかを理解していないのです。

　私は，そんなできない子どもたちのために，全力で指導にあたりたいと思っています。

　ただ，さすがに逆上がりは難しかったです。一筋縄ではいきません。ちょっと練習しただけでは，できるようになる種目ではありませんでした。

　練習を始めた日にできる子は14人でした。その後，できない子は昼休みに毎日練習を重ねました。そして昨日，とうとう全員が達成しました。

（11月26日）14人→（12月2日）3人→（12月8日）1人→（12月10日）1人→（1月14日）1人→（1月18日）1人→（1月26日）1人　　　　　　　　　　　　計　22人

　前にも書きましたが，この『全員』というのが実に難しいのです。往々にして，最後何人かができずに終わってしまいます。

　2カ月ほどかかりましたが，子どもたちの努力はもちろんのこと，私の中には，『絶対できるようにさせる！』といった"執念"みたいなものが取りついていました。

　さて，逆上がりができない一番の原因は，腰が鉄棒から離れてしまうことです。最近言われていますが，腕力の低下も原因のひとつです。

　そこで，まずは東京教育技術研究所から『逆上がりくるりんベルト』という道具を数本購入し使わせました。

　これを使うと，これまで一度も逆上がりができなかった子が，す

るっとできます。子どもたちも「アレ？」という表情です。

　またこのベルトには，５段階に色の表示がされており，少しずつ鉄棒と腰の距離を離していくことができるようになっています。それが最後までいくと，ベルトなしでの挑戦になります。できなければ，またベルトを使って感覚を取り戻します。

　この繰り返しで多くの子ができるようになりましたが，これでできない子には，「飯田式さか上がり指導法」というのを取り入れようと思いました。

　これは，簡単に言うと，跳び箱を鉄棒の前に置き，それに踏切版をかけることにより，傾斜を作ります。最初は跳び箱三段ぐらいの傾斜から始め，少しずつ跳び箱の段数を減らしていきます。つまり，傾斜を段階的に少なくしていくのです。

　ただ，こんな事を毎日昼休みにやっていると，準備だけで時間が終わってしまいます。

　そこで考えたのが，鉄棒前に常時固定されている「駆け上がり式さか上がりお助け道具」の固定金具を取りはずし，少しずつ後ろへ下げていくという方法です。

　最初は前の方へ置き，私が後ろで支えます。そして，その距離でできれば，少しずつ後ろへさげていくのです。

　名づけて「飯田式改良版古川式さか上がり指導法」です!?

　これがうまくいったのです。あとのできなかった子どもたちが，少しずつできるようになりました。全員できた時は，本当に嬉しかったです。感激しました！

　それにしてもこのクラス，何と４回目の全員達成記念日です。

　小学校の基本的な個人技能は，ほぼすべて習得しました。これで，中学校へ行っても安心でしょう。ただ忘れないように，復習は必要です。念の為。

さて，現行の学習指導要領のキーワードの一つに「習得」があげられます。

　実生活における教育の場では，習ったことを身につけさせる，つまり習得させることが実行されています。

　運転免許がとれない自動車学校や泳げるようにならないスイミングスクールには誰も行きません。

　「習得させる」ことに，教師はもっと責任を持たなければなりません。たとえ100％は無理でも，それに向かって努力することは怠ってはいけないと思います。

　教育現場では，「習得させていない」実情が多いです。習わせっぱなし，つまり「履修」ですませてしまうのです。少なくとも，教えていれば言い訳はできます。

　しかしこれでは，「習得させる」ことに責任を持っているとは言えません。

　長い1年，もちろんできないこともあります。当然です。全て100％なんて不可能です。でもいつもいつもそれでいいのでしょうか？

　とにかく全員が事を成し遂げるという事実を創り出す努力を惜しまないということです。

　大切なことは，決してあきらめないということです。「自分の仕事は，できない子をできるようにさせることだ！」という強い気持ちがないと，全員達成することはできません。

　次々と達成していく子どもたちの中で，なかなか達成しない子は，だんだんと寂しい思いをしている，時には保護者からも「もういいです」というお言葉をいただく，そんな状況の中でも，それでも達成させるという気概がなければ全員達成は成し得ないと思っています。

　私たちには，時間やカリキュラムなどいろいろな制約があるため，ついついできない子を残して次に進んでも平気な習性が身についています

第1章　教室を不思議なおとぎの空間に

が，一つのことに，とことんこだわることも必要です。執念のような気持ちを忘れてはいけないと思っています。

　以上，第1章では，「人間関係力」と「学級掌握力」を高めること，そして，それを同時に強化することについて述べてきました。
　そうすることによって，学級は，「ワンダーランド」のように楽しくなっていきます。
　これまでのことを次頁の「『学級ワンダーランド計画』を整理する」に分かりやすくまとめました。

　さて第2章では，学級ワンダーランドを支える戦略的学級経営「１０の鉄則」を述べていきます。
　第1章の補強論になります。お若い先生方，悩んでいる先生方への応援メッセージになればと考えています。

●「学級ワンダーランド計画」を整理する●

| 子どもたちどうしの
心をつなぐ（人間関係力強化） | 教師と子どもたちとの
関係づくり（学級掌握力強化） |

① ハッピーレター大作戦
② 長所発見トレーニング
③ 円形型・長所発見システム
④ ほめ言葉の「手紙」
⑤ ほめ言葉の「シャワー」

① 子どもたち，保護者への先制攻撃
② 「10分間パーツ教材」を使った授業
③ 日記指導

人間関係力・学級掌握力　同時強化

1　**みんなで楽しいことをする**
　古川学級伝統的行事
　　その1…とんでもないクリスマスパーティー
　　その2…ラーメンを盛大に食べよう会
　　その3…我慢比べだ，汗かき大会

2　**みんなで一つのことに取り組む**
　　ドラム缶一杯分のプルトップを集めよう！
　　全国合唱コンクールに出場しよう！

3　**全員達成の事実を作り出す**
　　跳び箱開脚とび・水泳25ｍ・逆上がり・
　　縄跳び・二重跳び……等々

第2章
学級ワンダーランドを支える戦略的学級経営「10の鉄則」

1 戦略的学級経営とは？

　教師にとっての4月は，「希望」よりむしろ「不安」の方が大きいのでないかと私は思っています。
　新年度への期待はもちろんあるのですが，むしろ不安の方が大きいと思われます。
　実は，私もそうでした。
　「子どもたちとうまくいくのかな？」「学習指導は，どうしよう？」……。この季節は，そんなことばかり考えていました。
　私は，教職30年を超えました。
　これだけやっていると，悩んだことや苦しいことは幾度となくありました。両手では数えられないぐらいです。
　それでも教師の仕事はやりがいのある楽しい仕事であるし，他に代えがたいすばらしい仕事であると思っています。「教師をやっていて良かった！」と，これまで何度も何度も思いました。
　ところで今，そのようなハッピーエンドが迎えられた最大の理由は何か？　一つだけあげよ！　と言われれば，間違いなく次の一点をあげます。
　それは，自分なりの"戦略"を持って学級経営に臨んだということです。
　少し前になりますが，静岡県で「新任教諭の自殺は，公務災害」という裁判の判決が下されました。概略次のような内容です。
　静岡県磐田市における小学校新任教諭の自殺をめぐり，遺族が公務災害と認めなかった地方公務員災害補償基金の処分の取り消しを求めた訴訟で，静岡地裁は「公務と自殺には因果関係がある」と述べ，処分を取り消す判決を言い渡しました（2011年12月15日）。

第2章　学級ワンダーランドを支える戦略的学級経営「10の鉄則」

　訴えていたのは，2004年に亡くなったＳ・Ｋさん（当時24歳）の遺族です。

　判決によると，Ｓさんは同年4月，新任教諭として市立小学校の4年生を担任しましたが，授業中に暴れてもがいたり，暴力をふるって周囲にけがをさせたりするなど指導が難しい児童の対応に追われました。

　5月ごろからうつ状態になり，9月に指導に対する抗議とも取れる手紙を保護者から受け取った翌日，焼身自殺しました。

　山崎裁判長は，学級運営が円滑に進まない状況が恒常化していたと指摘すると同時に，学校の支援態勢も「極めて大きな問題だった」と批判しました。

　私は，この事実を知って，悲しさを通り越し，切なくなったのを覚えています。この若手教師も教壇に立つ前は，夢と希望で一杯だったと思うのです。

　私自身，教員採用試験に合格してから4月までの期間，胸が躍るような時間であったのを今でもはっきりと覚えています。

　希望に満ち溢れて，教壇に立った新任教師の自殺，その衝撃は大きいものがあります。今，そのようなケースが増えているのです。

　私が，若い先生方，悩んでいる先生方にまず伝えたいのは，「夢と現実は違う」ということです。

　今や，教壇には無防備で立ってはいけません。この時代，情熱だけで学級経営ができる時代ではないのです。戦略が必要なのです。

　私が「戦略的学級経営」の必要性を主張するのは，このような事実があるからなのです。

　では実際にどのような戦略が必要なのか！　次項からは，具体的な戦略に話を進めながら，学級を経営するための心構えについてまとめていきます。

2　戦略的学級経営「10の鉄則」

【鉄則1】 覚悟を決めろ！

　私の大好きな野村克也氏の言葉に，次のものがあります。

覚悟にまさる決断なし

　人間，覚悟を決めると，何も怖いものがなくなってしまうという教えです。
　「ええい，もうどうにでもなれ！」そんな覚悟が時には必要ではないでしょうか。
　例えば4月，担当する学級が決まったら，「覚悟」を決めることです。時には，大変な学級を任されることもあるでしょう。そんな時には，その状況を嘆く前に，次のように覚悟を決めましょう。
　「今より悪くなることはない！」
　「失敗しても元々だ。なるようになれ！」
　「命まで取られるわけじゃない！」
　話はそれますが，セミナーなどに呼ばれた時，Q＆Aの時間に，よく次のような質問を受けます。
　「どうやって，本を読んだり，原稿を書いたりする時間を作っているのですか？　その方法を教えてください。」
　実は，そんな方法はないのです。たとえ疲れていても，夜が遅くなっても，やると決めたらやる！　それだけです。
　これも覚悟です。やり抜く覚悟を決めることです。
　さて，2015年12月21日付の神戸新聞に，精神疾患による「心の病」

第 2 章　学級ワンダーランドを支える戦略的学級経営「10 の鉄則」

の教職員が 2014 年度，兵庫県内で 318 人に上ったと報じられました。

2013 年度に続く増加で，特に 20 ～ 30 代の若手が急増しているということです。

私は，読者の皆さんには楽しみながら教師生活を送っていただきたいと思っています。

うまくいかない時は，神様が試練を与えてくれたのだなと思って前向きにとらえることです。

先にも書きましたが，私自身，苦しい時は幾度となくありました。きっとこれからも苦難の連続でしょう。

ただ，教師としての人間形成は，成功よりも，むしろ，もがき苦しむ失敗の中で作り上げられることの方が多いと私は思っています。苦しい時に学ぶことが，たくさんあるからです。

人間，自分の思うようにしたいのは当たり前です。ところがなかなかそうはいきません。そこに理想と現実のギャップが生まれ，努力が必要になります。

ですから，そんな時，決してあきらめてはいけません。たとえどんな状況になっても，できる限りの工夫をしてみてください。覚悟を決めてください。

みなさんがあきらめたら，担任している子どもたちを，救ってあげられる人がいなくなってしまいます。

どれだけ我慢強いかということも大人の条件なのです。

私の大好きな言葉に次のものがあります。

　　苦しいこともあるだろう
　　云い度いこともあるだろう
　　不満なこともあるだろう
　　腹の立つこともあるだろう

泣き度いこともあるだろう
　　これらをじっと
　　こらえていくのが
　　男の修行である

　連合艦隊司令長官，山本五十六氏の言葉です。私は，苦しい時，この言葉がふと頭をよぎります。
　男性も女性も同じでしょう。人生は耐える時もあるのです。
　まずは，「覚悟」を決めましょう！

【鉄則2】情報を徹底的に生かせ！

　一切先入観を持たずに子どもたちを迎えるという考え方がありますが，一昔前ならまだしも，現状では私は反対です。
　前回も書きましたが，今や教壇には無防備で立ってはいけません。しっかりと情報を収集しておきます。
　そのために，次のリストを活用します。

① 児童調査票
② 指導要録
③ 前担任からの引き継ぎ資料

　まず児童調査票では，基本的な事柄を押さえておきます。
　母子家庭児童，父子家庭児童などの家族構成をはじめ，可能ならば，家族の健康状態までも把握しておきましょう。そういったことを怠ると，次のような失言を発しかねないからです。
　『家に帰ったら，このプリントを，必ず<u>お母さん</u>（<u>お父さん</u>）に渡して，

第2章　学級ワンダーランドを支える戦略的学級経営「10の鉄則」

読んでもらってさい。』

　もちろん，児童の身体状況も把握しておきます。

　視力，聴力の落ちている児童，あるいは身長などのデータは頭に入れておき，席を決めるにあたっては，それらのことを配慮しましょう。

　次に指導要録からは，それぞれの児童の長所や特技を拾い上げます。

　特に，長所・特技などは記録しておきましょう。

　例えば新学期のスタートで，子どもたちの自己紹介を取り入れる学級が多いでしょう。そこでこの児童理解を生かします。

　教師は，子どもの自己紹介が終わるたびに，簡単なコメントを入れます。

　『○○君は，習字が得意で，現在1級までいっています。』

　あるいは，次のようにクイズ形式にしてもいいでしょう。

　『△△さんは，3年生の時，何かで表彰を受けました。何の表彰だと思いますか？』

　この方法は，学期はじめに子どもとの距離を埋めるのに，実に効果があります。

　子どもは『何で知ってるの？』と驚くと同時に，担任に好意を抱くようになるからです。

　さらに，前担任との引き継ぎをしっかりと行いましょう。指導要録では得られない有益な情報を得ることができます。

　プラス評価はもちろんのこと，気になる児童の情報，マイナス評価の情報も多く入手することができるはずです。

　しかし私は，そういったマイナス評価には，あまり敏感になってはいけないと考えています。

　もちろん対策を考えておくことは必要です。でも，始めからその子の行動を押えつけたり，排除してしまうのはどうかと思います。

　あくまでもデータとして蓄積しておいたうえで，できるだけありのま

ま，本来の子どもが持っている力を生かしつつ，スムーズな形で学級集団を作っていきたいと考えています。

例えば，静岡の築地久子氏の著書『生きる力をつける授業』(黎明書房)の中に「権力者・川本，私の目に初登場」と題して次のようなエピソードが紹介されています。

築地氏の学年（当時の6年）では，遠足の自由行動を増やすために，目的地までを各クラスの自由にしました。

築地学級では，川本君がリーダーシップをとって行動します。

ところが，川本君はまるで迷路のような所ばかり歩き，一向に目的地にたどり着きません。

その後，その道が間違いだと判明するのですが，他の子どもたちはおかしいと思いながらも「権力者」川本君の言うがままに行動します。

築地氏は，この事件で川本君を問題にしません。

むしろ川本君が「権力者」となることを認め，川本君に無抵抗の他の子どもたちを問題にします。

> **川本を軸にしてまとまり，自分から動きを見つける喜びが少なく，学習も教えてもらう式の受け身のクラスです。しかし，だからといって川本のよさまで押えつけたくはありません。川本にもさらに強くなってほしいと思っています。また，周りの子にも川本の強さだけ強くなってほしいのです。川本にとっても，他が強くならないかぎり自分の伸びは頭打ちになります。**
>
> (前掲書　P.163)

教師は，とかく影響力のある子どもを押さえにかかりますが，実態を知った上で，できるだけ，ありのままスムーズな形でスタートを切りたいと考えています。そしてさりげなく戦略を打っていきます。

第2章　学級ワンダーランドを支える戦略的学級経営「10の鉄則」

やるべきことは，まずはその子のやる気を見てみることです。情報をしっかり掴んでおけば，その子の行動が予測できるだけに，安心して学級作りをスタートさせることができるはずです。

【鉄則3】女子を掌握せよ！

　学級を運営するに当たり，女子が相手の場合は，慎重に進めなければなりません。特に高学年では注意が必要です。

　何度も言いますが，今の時代，情熱だけでは学級経営はできません。戦略が必要なのです。

　私が担任した6年生の学級で，第1回目の図工の時間に次のようなことがありました。

　「絵の具はパレットに全色出しておきます」という指示を私が出した時，「エ〜，なんでそんなことするん？　乾いて固まってしまうやん。」と，いかにも嫌そうにささやく女子の声が聞こえました。

　小声ではありますが，周りに聞こえるような声です。女子のリーダー格の子です。

　「お〜，来たな！」と思いましたが，とりあえず勝負は後回しにすることにし，作業にかからせました。そして，巡回指導をしながら，密かに全員のパレットはチェックしました。

　やはり指示通りできていない子が何人かいました。先の女の子の影響もあったのでしょう。そして，作業終了です。教室で，クラス統率のための勝負をかけます。

　実はこういった場面，予想しなかった子どもたちからの"ジャブ攻撃"にうろたえている人を時々見かけますが，こんな場面は大切なチャンスでもあるのです。逆にうまく利用します。

　『先生が言ったように，絵の具をパレットに全色出した人は手をあげ

99

なさい。』
　ここは，「出さなかった人？」と聞いてはダメです。指導対象が女子だからです。このように聞くと，指示を守った人は認められ，守らなかった人も目立ちません。
　さらにここは，さっとあげさせて，すぐに下ろさせます。さらっと流さないとだめです。しつこいのは厳禁です。
　『先生は，これから先，今，手をあげた人にだけ，精一杯授業をすることにします。他の人には適当に付き合います。先生は，全色出しなさいと言ったのです。出しなさいと言われたら，出すのです。
　先生を信頼せず，文句ばっかり言って，先生の指示に従わないのであれば，これから先，どうぞ何でも好き勝手にやりなさい。それは，その人が勝手にやっていることなのですから，先生は一切，その人に対して責任を持ちません。それでもよければご勝手にどうぞ。
　素直であるというのは，まずは，何でも指示通りやってみるということです。やってみて，おかしなところは修正するのです。先生に言うのです。先生も人間ですから，なるほどその通りだと思ったら，訂正します。やる前からごちゃごちゃ言うのは，やる気のない者のすることです。』
　ここは，クラス全体に言うように，威厳を保ちながら話さないといけません。その時，先の女の子と目を合わせないようにします。
　あくまでも，クラス全体に話しているんだよという姿勢を保ちます。あなたに言っているんだよという雰囲気を悟られてはいけません。
　これで，明らかにクラスの雰囲気が変わりました。この子は，以後，私に対して反抗的な態度を示すことはありませんでした。むしろ好意的な態度を示すようになりました。
　このような一つ一つの鍵となるチャンス場面に対しては，的確な対応をとらないといけません。行き当たりばったりでは失敗します。ただ実際には，なかなかそうはいきません。

第2章　学級ワンダーランドを支える戦略的学級経営「10の鉄則」

そこで,【鉄則2】で書いたように,担任する前には,徹底的な情報収集を行い,予測できる事態には戦略を練っておくのです。だから情報収集は大切なのです。

【鉄則4】問題解決には異性を利用せよ！

　【鉄則4】は,学級の問題への戦略です。

　例えば「いじめ問題」です。【鉄則3】のケースとは,全く逆で,全体指導では当人の心に響かないケースです。

　「いじめ問題」は,全体の前で具体性のない指導をしても子どもの心には届きません。

　一つ例をあげますが,3月の情報収集の段階で,A児に対するB児の「いやがらせ」が,なかなか解決しないという情報を得たとします。どちらも女子です。

　一種の「いじめ」です。どのクラスにも普通に起こりそうな友達どうしのいざこざです。ただそれでも,大きな問題とならないうちに,早急に何とかしておきたい課題でもあります。

　さて,このような場面,どのような対応をすればいいのでしょうか。いくら,「いじめはダメです。やってはいけません」と言ったって,なくなりはしないでしょう。

　私が取った対応ですが,この方法は,かなりの確率でうまくいきます。しかも,しこりは残りません。

　まずは,いじめているB児に近づきます。一人でいる時がいいでしょう。

　そして,「男子が言っていたけど,Aさんと何かあったの？」という感じで,それとなく話しかけます。

　ここは,異性を利用するのが鉄則です。ここを間違えると,問題がさ

らに大きくなりかねません。もちろん、男子はそんなこと、言っていません。

　ここは、「友だちが言っていた」ことにするのがポイントです。おそらくB児は自分のことを棚にあげ、A児からいじわるをされたようなことを切り出します。もしB児が切り出しにくそうにしていたら、「先生は何人もの男子から聞いたよ」と追い討ちをかけます。

　B児が話し出せば、しめたものです。

　すかさず、「そうなの！　それは大変だ。学級会の議題にあげて話し合おうと思うんだけど、どうする？」と切りかえします。

　おそらく、こうなれば「ちょっと待ってください」となります。黙り込んでしまうことも考えられます。

　ここが大切なところで、さらに次のように追い込んでいきます。

　「黙ってしまうほど、つらいんだね。学級会で、みんなで考えてもらおうね。」

　ここでB児が、「そこまでしなくてもいいです。」と言えば、こっちのもの。

　「分かりました。しばらく先生も様子を見ていますね。あなたも、何かあったら言ってくださいね。」と言いましょう。黙ってしまった場合も同じです。

　おそらくこの問題はこれで解決です。以後、表面に出ることはなくなるでしょう。

　大切なことは、異性を"うまく"活用するということです。

　先に言いましたが、今の時代、情熱だけでは学級経営はできません。このような戦略が必要です。

　『6年生の学級経営・絶対成功する年間戦略』（明治図書）という本を2006年に執筆しました。私が以前から、「戦略」ということを意識

第2章　学級ワンダーランドを支える戦略的学級経営「10の鉄則」

していたことが，分かります。

　かなり力を入れて書いた本で，京都文教大学の大前暁政氏が，明治図書のHPで，ご自身の「座右の書」の一冊として，あげてくださっています。ぜひお読みになっていただければと思います。

【鉄則5】参観日やイベントを戦略的に仕組め！

　先に紹介した拙著『6年生の学級経営・絶対成功する年間戦略』の中で，私は6年生での1年間の戦略を示しました。
　一つ例をあげますが，4月当初に1年間の参観日の計画を全て立ててしまいます。5回なら5回分のプランを立てます。
　教科はバラバラで，できるだけカリキュラムにそったインパクトのある教材を準備します。
　もちろん予定ですから変更はあっていいのですが，基本線は定めておきます。
　このように書くと，大変そうに思えますが，実は逆で，4月に計画しておくと，あとがとても楽なのです。見通しが立つからです。騙されたと思ってやってみてください。
　ただし，そのためには1年を見通す力と，準備する教材を想定しなければならないため，日ごろの学びは欠かせません（笑）。
　なぜここまでするのか……。参観日は，学級経営にとって，重要なポイントになるからです。
　参観日を普段通りに行えばよいと言われる方もいますが，とんでもないことです。参観日は，全力を投入して臨まなければなりません。なぜなら，保護者は参観日で担任を評価するからです。
　さて，その参観日のポイントですが，絶対に意識しないといけないことがあります。『全員参加』です。とにかく，どのような形であれ，全員を動かすことを考えます。
　順番に音読をさせたり，九九を言わせたり，とにかく全員を動かすのです。保護者は，自分の子どもを観ています。その事は意識しないといけません。
　次に，研究授業の計画も立てておきます。4月段階で研究推進の方針

第2章 学級ワンダーランドを支える戦略的学級経営「10の鉄則」

が出ます。自分の時期が決まれば,とっておきの教材を準備します。例えば,講座やセミナーで仕入れた教材などを温めておくのです。

若い人を見ていると残念なのが,とっておきの教材をなにげなく使ってしまうことです。とっておきの教材は,文字通り,ここぞという場面に「とっておき」ます。こんな所にも,戦略が必要なのです。

それから,学級通信も自分にノルマを課しましょう。私の場合,第1号の通信に,次のようなコメントを入れます。

> 学級通信は,週に2度は出す予定にしています。ただし,出せない時もありますが,その時はお許しください。

このように書くと,やり抜くしかないのです。自分で自分に負荷をかけるのです。教師のやる気は,保護者に必ず伝わります。

宣言することは,自分を追い込むことにもなります。根性でやり抜くことも大切なのです。そんな我武者羅さが若い力を伸ばすのです。

さらには,学級イベントも必ず定期的に仕組みましょう。学期末には,ちょっと盛大にイベントを仕組むなど,学級経営に"遊び心"を入れましょう。

第1章で述べたように,人間関係力を高めるのにとても効果的なのが,学級イベントを仕組むことなのです。これについては,すでに詳しく述べましたのでここでは省略します。

【鉄則6】 どうにもならんこともある。深く考えるな！

　さて，いくら万全の戦略で臨んでも，うまく行かないことがおこるのは当然です。

　私も1年間，子どもたちと全くかみ合わない年がありました。

　長い教師生活，うまく行かない時もあるのです。学級は人間対人間の生き物ですから。相性もあるでしょう。

　教師は真面目ですから，そんな状況になると悩むのです。あれこれと考えてしまうのです。

　実はこのような状況になると，負のスパイラルにズルズルと引き込まれていきます。自分自身の気力が下がっていますから，打つ手打つ手が裏目に出ます。すると，さらに気持ちが沈みます。本当に疲れます。

　私は，机の前に，このメッセージを貼り付けています。

　　どうにもならんこともある。
　　それだけをずーっと考えとったらおかしくなるだけじゃぞ。
　　　　　　　　（『佐賀のがばいばあちゃん　格言カレンダー』エトワール）

　"がばいばあちゃん"の言葉です。

　そうなんです。実は，こんな時には，むしろ何も考えない方がいいのです。家に帰ったら，好きなテレビを見たり，漫画を読んだりして，体力と気力の消耗を防ぐのです。

　あるいは，「トイレを磨く」というのも一つの方法かもしれません。その理由についてはいずれ書きますが，少しは運気がまわってくるでしょう。

　考えてよくなることだったら，いくらでも考えればいいのです。でも，大抵の事は考えても，何も変わらないことが多いのです。考えるだけ，

第2章　学級ワンダーランドを支える戦略的学級経営「10の鉄則」

しんどくなるだけです。

　ただ，それでも考えてしまうのであれば，唯一，一つのことだけ考えましょう。それは授業を成立させることだけです。授業が成立すれば，学級経営もスムーズに進行することが多いからです。

　前章で書いた「10分間パーツ教材」で授業を組み立ててください。この指導法を使えば子どもたちは集中します。

　それから，学級がうまくいっていない時には，その原因となる子で頭がいっぱいになりますが，それを取り巻く頑張ろうとしている子が，たくさんいるということも忘れないでほしいです。

　向山洋一先生は，教師を判断する基準は一つとおっしゃっています。クラスで一番嫌われている子が，休み時間になると，教師の膝の上に乗ってお話をしている，そういう事実があるだけで，その教師は，すばらしい教師であるとおっしゃっています。

　教師が子どもたちを選べない以上に，子どもたちは教師を選べません。苦しい状況にあっても，一人ひとりの顔は思い浮かべてあげてください。

107

【鉄則7】授業を成立させることだけを考えろ！

　【鉄則6】で，悩んだ時には「あえて，あれこれと思い悩まず，唯一，『10分間パーツ教材』を使って，授業を成立させることだけを考えましょう！」と書きました。

　最近は，子どもたちが落ち着かないためか，この指導法について，質問を受けることが多いのです。呼ばれて話す機会も増えました。

　2010年の2月，岡山県倉敷市立乙島東小学校から依頼され，3年生を対象にした"飛び込み"授業をしました。「10分間パーツ教材」を取り入れた授業です。

　拙著『1年生の授業　10分間パーツ教材で集中力を高める』(明治図書，2003) を読んで，だいたいのことは分かるのですが，実際の授業を見て，「パーツ教材」の構成の仕方や，子どもたちとの駆け引きを見てみたいということでした。

　本項では，この飛び込み授業をもとにして，「10分間パーツ教材」で構成した授業について補足説明をすることにします。

　当日行った『モチモチの木』の授業の指導案を次ページに掲載しました。この授業では，次の6つの「10分間パーツ教材」を取り入れています。

① 「モチモチの木」漢字の学習
② 口の体操
③ 教材文「モチモチの木」音読
④ 教材文「モチモチの木」暗唱
⑤ 教材文「モチモチの木」視写
⑥ 「モチモチの木」クイズ
　（※1教材7〜8分）

第2章　学級ワンダーランドを支える戦略的学級経営「10の鉄則」

第3学年　松森靖行学級　国語科学習指導案

平成22年2月2日　岡山県倉敷市乙島東小学校
指導者　古川　光弘

1　題材　　モチモチの木（斎藤隆介）

2　考察

　平成14年度、10年ぶりに1年生の担任をした。様々な個性の子どもたちがいて、45分間、とにかく席に着かせ、集中させることに苦労した。本気で学級崩壊の危機感を抱いたほどである。入学式の日は、私を含め専科、教頭の3人がかりで学級指導を行った。

　ただその心配は、最初の数週間で消えた。10分間のパーツで組み立てる授業を意識し始めたからである。

　普通に考えてみても、1年生と6年生が同じ45分授業であるというのもおかしな話で、それでは45分授業を3つぐらいのパーツに分けてはどうかというのが、「10分間パーツ教材」の発想である。

　「10分間パーツ教材」を1時間の授業に効果的に配列し、一つ一つ確認しながら授業を進行することにより、子どもたちは驚くほど授業に集中するようになった。

　言いかえれば、「導入」「山場」「まとめ」という従来、常識的に考えられてきた1時間の授業構成を全く覆すものであり、1時間中1問だけの問題に集中的に取り組ませる問題解決型の授業とは対極にあるものである。ちなみに、低学年の授業には問題解決型はそぐわないと考えている。集中力が持続しないからである。

　ところで、「10分間パーツ教材」には次の4条件が必要である。
　　①　10分前後で完結するか、または区切りをつけることのできる教材
　　②　シンプルかつ単純明解な教材
　　③　必ず全員が取り組むことができる教材
　　④　授業のねらいに沿う教材

　この条件を満たす教材を、45分の授業の中にねらいに迫るような形で効果的に配列する。何も難しいことはない。誰にでもできる普通の授業である。たったこれだけのことではあるが、子どもたちを引きつけ、子どもたちの集中力を飛躍的に高めることができるのである。

　しかし保守的な教育観では、このような発想は、なかなか生まれないのも事実である。教師と言うのは、自分に身についた我流から、なかなか抜けられないからである。

　私は、この「10分間パーツ教材」が、授業を成立させるための一つのヒントになるのではないかと考えている。ただ「10分間パーツ教材」ということだけは付け加えておきたい。何でもそうであるが、100％有効な方法などありえない。「10分間パーツ教材」を使った授業は、目的ではなく、子どもたちが落ち着いて学習に取り組む姿勢を作り上げるための手段なのである。

　本時では、「10分間パーツ教材」を使った最も基本的なスタイルの国語授業を公開する。一年で一番落ち着きを必要とする学級スタート期の授業形態である。

3　指導計画（　全19時間　・　本時　1／19　）
　第1時　「10分間パーツ教材」を使って、「モチモチの木」の学習を開始する。
　第2時以降の指導計画は、省略する。

4　本時の学習
（1）目　標
　○　「10分間パーツ教材」に取り組むことにより、45分間、集中して学習を行う。
　○　「10分間パーツ教材」を使って、「物語文」の学習に取り組む。

(2) 準備物
　　・発声練習用教材　・声のメガホン

(3) 展　開

学習展開と児童の活動	指導上の留意点・評価の観点	使っている「パーツ教材」
1　「モチモチの木」の 　　　漢字の学習を行う。 ・既習漢字の復習をする。 ・新出漢字の学習をする。	・既習漢字の復習は、空書きをさせる。 ・新出漢字の学習は、指書き、なぞり書き、うつし書きのステップを取り入れる。	① 既習漢字の復習及び新出漢字の学習 ・空書きによる確認 ・指書き、なぞり書き、うつし書きの習得ステップ ※『漢字スキル』使用
2　口形訓練を行う。 ・口の体操をする。 ・発声練習をする。	・口の体操と発声練習を行ない、脳を活性化させることにより、学習への意欲を喚起する。 ・「声のメガホン」についての確認を行なう。	② 口の体操 ・簡単なリズムに乗った口形指導、発声指導 ※『発声練習用教材』使用
3　「モチモチの木」を音読する。 ・P62～63を音読する。	・「声のメガホン」を活用しながら、「モチモチの木」を音読する。 ・口をしっかりとあけ、張りのある声で読ませる。	③ 教材文の音読 ・「声のメガホン」を活用した音読指導 ※『声のメガホン』使用
4　「モチモチの木」を暗唱する。 ・P62を暗唱する。	・簡単な暗唱指導を行う。 ・一行ずつ消していくことで、気持ちを高めていく。 ・家庭での暗唱練習につなげていく。	④ 教材文の暗唱 ・一文ごとに消していく暗唱指導
5　「モチモチの木」を視写する。 ・P62を視写する。	・教科書P62を視写させる。 ・あせらず、丁寧に取り組ませる。	⑤ 教材文の視写 ・教科書本文の丁寧な書き写し ※『うつしまるくん』使用
6　「モチモチの木」クイズをする。	・「モチモチの木」クイズに楽しみながら取り組ませ、これからの学習に興味を持たせる。 ・発言の苦手な児童に対しては、発表しやすいように支援する。	⑥ 国語クイズ ・「トチの木」に関するクイズ

第2章　学級ワンダーランドを支える戦略的学級経営「10の鉄則」

　これらの授業で使っている「10分間パーツ教材」は，一見，バラバラのように見えますが，実は筋が通っているのがお分かりになると思います。

　つまり，全ての教材が「モチモチの木」の指導に関係しているのであって，何でもかんでも配置すればいいというものではありません。

　当日の授業は，学級の雰囲気にも助けられ，軽快なテンポとリズムで進行し，私が予定した通りの展開で終えることができました。

　授業後の検討会では，色々な話題が出たのですが，45分の時間が短く感じられたという感想と，普段は学習に参加しづらい児童が熱心に授業に参加していて驚いたという感想が出て，強く印象に残っています。

　授業後，学級担任から，児童の感想が届けられたので，いくつか紹介します。

● 　きのうは，じゅぎょうをしていただいて，ありがとうございました。はじめてあったのに，はじめてじゃないような気がしました。
　　○○先生と同じ教え方です。ししょうだから，同じ教え方なんですね。お茶とおもちをありがとうございます。とってもおいしかったです。ぜひまた来てください。（S・H）
● 　きのうのじゅぎょう，楽しかったです‼　とてもわかりやすくて，楽しかったです。「とちもち」やお茶がとってもおいしかったです。
　　また，古川先生に会いたいなぁ～（Y・N）
● 　きのうは，じゅぎょうをしてくれてありがとうございます。古川先生のじゅぎょうは，とてもわかりやすかったです。
　　さすが，○○先生のししょうだな～と思いました。おみやげもおいしかったです。また来てください。（C・H）
● 　古川先生へ
　　とちもち，おいしかったです。古川先生の国語のじゅぎょうは楽し

111

かったです。

　知らないことを，いっぱい知りました。本当にありがとうございました。（A・O）
● 　古川先生のじゅぎょうは，とてもおもしろかったです。またやりたいです。（M・M）
● 　じゅぎょう，とっても楽しかったです。先生のじゅぎょうは，とてもわかりやすくてよかったです。

　また来てください。（R・A）
● 　古川先生へ

　じゅぎょう，ありがとうございました。とても楽しかったです。

　ぼくは，バカでかい声を出しすぎて，のどがかれています。

　とてもいいじゅぎょうをありがとうございました。（Y・T）

　自分自身，「10分間パーツ教材」で構成した授業が，初対面の子どもたちに通用するのか，この"飛び込み"授業を検証の場として位置づけていたのですが，これらの感想からも，十分な効果があったことがうかがえます。

　この授業を通して，私はこの「10分間パーツ教材」の有効性を，これまで以上に確信することができました。

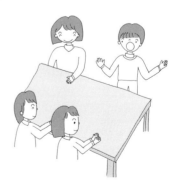

第2章　学級ワンダーランドを支える戦略的学級経営「10の鉄則」

【鉄則8】失敗なんて誰にでもある。卑屈になるな！

　さて私の机の前には，がばいばあちゃんの言葉以外に，もう一つのメッセージを張り付けています。
　こんなメッセージです。

> 失敗なんて誰にでもある。卑屈になるな！

　これは，私が30年以上教師を続けてきて，自ら導き出した結論です。
　私たちは，お金をいただいて働いています。お金というものは，簡単に稼げないものです。苦労してあたり前なのです。
　私は，自営業を営む家庭で育ちましたから，そのことは身を以て実感しています。
　苦労して，苦労して，やっと一つの商品を売り上げても，たかが数十円，数百円にしかならないのです。家族が生活していくためには，どれだけの数を売らないといけないか，気の遠くなるような数字です。
　そんな両親の後姿を見て育ちましたから，仕事というものに対しては，かなりシビアなイメージがあります。
　ですから私は，自信満々な教師より，悩みながら進んでいる教師の方が教師らしいと思っています。
　悩んで進んでいる教師は，謙虚な人が多いとも感じています。謙虚であるということは，教師の資質として，とても大切なことです。
　謙虚な人は，悩んでいる人の気持ちに共感できます。傲慢な態度が，そぎ落とされています。
　自信満々の人は，それができません。人の気持ちが分らないのです。このことは，教師として致命的でさえあると私は思っています。
　もし仮に，本書をお読みになっている皆様が，私が本書で述べてきた

ような戦略をそのまま実行し，万策尽くして学級経営にあたったとしても，それでも失敗することはあるのです。

　しかしそれは決して卑屈になることではありません。学級というのは，人と人とが生活している場であり，相性もあるのです。

　それから，たとえ今，失敗したと思えることであっても，長い目で見れば失敗ではなかったと思えることもあります。教育というものは，ずっと後になって，結果が出ることもあるからです。

　ところで，"便強会"という教えがあります。鍵山秀三郎先生が中心になってすすめていらっしゃる会です。

　トイレを磨くことで心を育てようとする教えです。

　実は，平成26年6月に元読売ジャイアンツの桑田真澄氏の話を聞くまでは，なぜトイレと教育が結び付くのかが分かりませんでした。むしろ，そんなことをしても全く意味がないと思っていました。

　でも桑田氏の話で心にストンと落ちました。このお話については，次項【鉄則9】で改めて述べますが，実は「運」や「つき」がめぐってくるのです。

　苦しい局面に陥っている時は，運が良いとは決して言えません。もちろんついているとも言えません。

　運やつきが一時的に離れているのです。

　そこで，運を引き込むのです。運も実力のうちです。他人の境遇をうらやましがる暇があれば，運やつきを自分に引き寄せる努力をしてください。

　運の女神は「笑顔」のある所に寄ってきます。

　苦しい時こそ，「笑顔」で乗り越えるのです。

　とにかく，失敗なんて誰にでもあります。決して卑屈になってはいけません！

第2章　学級ワンダーランドを支える戦略的学級経営「10の鉄則」

【鉄則9】行き詰まったら，トイレを磨け！

　先に"便教会"という教えがあるということを書きました。鍵山秀三郎先生が中心になって進めていらっしゃる会です。
　トイレを磨くことで心を育てようとする教えです。
　平成26年6月28日，赤穂市の講演会で元読売ジャイアンツの桑田真澄氏の話を聞いて，「トイレを磨くことで心を育てる」ということが，心にストンと落ちました。そのお話とは，次のような内容でした。

　　中学時代，順風満帆で，高校に進学した私は，大きな挫折に出会いました。
　　私より体も大きく，技術も優れた選手がゴロゴロいるのです。どう努力しても，太刀打ちできません。どうしようもない失望感でした。
　　私は悩みました。すでに努力をし尽くしている私には努力のしようがないのです。
　　何もせずにいると，焦りばかりが生じる私は，毎日トイレを一つずつ綺麗に磨くことに取り組み始めました。こつこつ，こつこつトイレを磨くのです。もちろんこんなことをしたって技術など伸びません。球が速くなるわけでもなく，打球が遠くに飛ぶわけでもないのです。
　　それでも行き場のない私は，こつこつとトイレを磨くことを続けたのです。
　　ある時，ふいに試合で投げるチャンスが回って来ました。もちろん，トイレを磨いたって技術が伸びたわけでもないので，バンバン打たれまくります。しかし，スコアボードには，不思議と0が並ぶのです。なぜだと思いますか？

確実に打たれた打球が，おもしろいように野手の正面に行くのです。あるいは，飛び込んだ野手のグラブにスポッとおさまるのです。まるで，神様がいるように思いました。その試合をきっかけに私は自信を取り戻したのです。

　私は，この話を聞いて，「う～ん」と唸ってしまいました。
　そうなんです。トイレを磨いたって，技術は伸びないけど，実は，「運」や「つき」が呼び寄せられているのです。
　私たちの教師の生活は，分からないようですが，「運」や「つき」におおいに左右されています。
　どのような地域で教職に就くのか，どのような同僚と共に働くのか，どのような子どもたちや保護者と出会うのか……。
　突き詰めていくと，これらは全て偶然ではあるにせよ，今後の教師人生を左右する出来事でもあるのです。
　若くして力が十分に備わっていない教師でも，その力を最大限，発揮させてくださる保護者集団に出会うこともあります。反対に，力量のある教師でも，その力を潰してしまう保護者集団もあるのです。
　教師にも，やはり「運」や「つき」は大切な要素なのです。
　ではそれらを得るためにどうするか？
　何もトイレを磨かなくってもいいのです。目の前のことに感謝して，前向きに対応するのです。真心で向き合うのです。
　私の教師人生，今，振り返ってみれば，「運」や「つき」に恵まれていることばかりです。
　それは，どんな状況になっても，感謝の気持ちで毎日をすごしているからかもしれません。
　運も実力のうちです。呼び込みましょう！

第2章　学級ワンダーランドを支える戦略的学級経営「10の鉄則」

【鉄則10】学級に"プラス風土"を創り上げろ！

　子どもが変わってきています。
　私自身も，そう感じることがあります。ストレートに感じる場合もありますが，雰囲気として感じることも多いです。
　雑誌などでも，学級の荒れを取り上げるケースが多々見られます。
　気になるのは，自分の好き嫌いで行動する子どもが，最近は特に多いということです。例えば，次のような例があります。
　ある方が，担任が出張しているクラスの補教に入りました。ずっと座学ばかりでは疲れるだろうと，少しゲームをやろうと持ちかけました。
　一昔前の子どもならば，「やった〜，先生ありがとう！」と大喜びしたものです。ところが，なんと「僕，やりたくない！」なんて言う子がいるのです。
　ちょっとカチンときたけど，「やりたくないならば，やらなくていいよ」と無視して始めました。楽しそうな友達の様子を見て，参加してくるだろうと思ったからです。
　ところが，一向に参加しようとはせず，逆に周りで，はしゃいで邪魔ばかりするので，とうとう大声で叱ってしまう始末です。
　楽しいゲームの場が，白けた場になり，ガックリきたということです。
　このような行動は，普段の学習時にも見られます。
　「跳び箱嫌い！　やりたくない。」「版画は嫌い！　絵が描きたい。」など，やりたくないことに意欲を出そうとしないのです。当然，学級の士気は上がりません。
　最近は，こういった子にかき回され，学び合う学級文化が阻害されています。
　確かに昔から，「やんちゃぼうず」はいたし，「いたずらっ子」「いじめっ子」もいました。でも，学級集団はそれなりに安定していました。崩壊

するようなこともありませんでした。

　誰かが「悪さ」をしても，学級の「正義」がそれを許さなかったからです。だから，「やんちゃぼうず」も「いたずらっ子」も「いじめっ子」も，学級集団の中では，健全で安定していました。

　しかし，今は，その学級集団の正義感は衰えつつあります。

　正義が悪に勝てず，次々とクラスが崩壊しているのです。

　学級集団の「歯止め」機能の低下が顕著になっています。

　子ども理解も大切ですが，それ以上に大切なのが，学級を統率するという教師の強い決意です。それも強烈に強い決意です。

　子どもたちどうし，お互いにけん制し合うような学級風土を作ってはいけません。

　「マイナス行動」→「叱られる」→「気分が悪くなる」→「マイナス行動」というような"負のサイクル"から脱却しないといけません。

　そして「プラス行動」→「誉められる」→「気分が良くなる」→「プラス行動」というような"正のサイクル"を作っていく必要があります。

　そのためには，私が本書で述べてきたことを丹念に読み直し，もう一度丁寧に行ってください。

　必ず学級に，"プラス風土"を創り上げることができます。

　以前，2年生の担任を終える時，ある子が次のような日記を書きました。

第2章　学級ワンダーランドを支える戦略的学級経営「10の鉄則」

「2年生をふりかえって」

はじめての2年生。たんにんの先生はだれかなと思いました。
たんにんは，古川光弘先生でした。
どんな先生なんだろうと，ずっと思っていました。
とてもおもしろい先生で，とても明るい先生でした。
ときにはおもしろい話，ときにはスライムパーティー，またあるときにはサービスデーなどと，たくさんのことをしてくれる，とてもやさしくて，おもしろい先生でした。
（中略）
2年生をふりかえって，こんなにいろんなことがあったんだなと思います。
楽しい1年間でした。
この1年間，おこったり，ないたり，わらったり，いろんなことがありました。
その中で，ずっと先生はそばにいてくださいました。
古川先生……ありがとうございました。
またいつか，たんにんの先生になってね。

　読者の皆様には，どうか子どもたちに寄り添える教師であってほしいと願っています。

● **戦略的学級経営「10の鉄則」を整理する** ●

学級ワンダーランドを支える
戦略的学級経営「10の鉄則」

【鉄則1】　覚悟を決めろ！
【鉄則2】　情報を徹底的に生かせ！
【鉄則3】　女子を掌握せよ！
【鉄則4】　問題解決には異性を利用せよ！
【鉄則5】　参観日やイベントを戦略的に仕組め！
【鉄則6】　どうにもならんこともある。
　　　　　深く考えるな！
【鉄則7】　授業を成立させることだけを考えろ！
【鉄則8】　失敗なんて誰にでもある。卑屈になるな！
【鉄則9】　行き詰まったら，トイレを磨け！
【鉄則10】学級に"プラス風土"を創り上げろ！

あとがき

　管理職になる前，教育職最後の2年間，私は平成13年度に，6年生で担任した女性の教え子と同じ職場で働くことができました。
　まさしく『学級ワンダーランド計画』のもとに育った子です。
　大変不思議なめぐり合わせに驚くと同時に，至福の一時を感じる出来事でした。こんな教師冥利に尽きることはありません。
　その子が，当時のPTA広報誌に次のような雑感を寄せてくれました。内容は私のことを取り上げたものです。

【教師生活1年目】　　　　　　　　　（R・I）

　4月から上月小学校2年生の担任をさせていただくことが決まった日，ある先生から電話を頂きました。その先生との思い出を少しお話ししたいと思います。
　私が小学校を卒業したのは，10年くらい前になるでしょうか……。
　私は6年A組。またの名をピッカリンズ。担任の先生は，古川光弘先生です。ピッカリンズの由来は，古川先生にお聞きください。きっと教えてくれるでしょう。（笑）
　私が，今こうして上月小学校で教壇に立つきっかけとなったのも，この出会いがあったからです。
　素敵な恩師との出会いは，私の人生にとって素晴らしいものだと胸を張って言えます。
　古川先生は，こんなことがしたい！　という子どもの声を全て実現してくださる先生でした。

夜の校内お化け屋敷，千種川での水遊び。また，ドッジボール大会の優勝，駅伝大会の優勝，郡内音楽会の思い出，100日連続日記への挑戦などたくさんの思い出がよみがえってきます。
　私の6年生時代は，どの場面を思い出しても楽しかった記憶しかありません。
　そして，たくさんの事に挑戦した年でもありました。友だちとの協力はもちろん，なんといっても自分との闘いに挑戦した1年になりました。私は，漢字練習で一番になる事に燃えていました。1日で漢字ノートを1冊終わらせることもやり遂げました。
　古川先生は子どもを良い方向へ乗せるのが上手い！　私は誰よりも古川先生に乗せられた1人です。でも，あの頑張りがあったからこそ，しんどいことも乗り越えられる力がついたのだと感じます。
　そんな大好きな先生と，今こうして同じ学校で働いているのだから，やはり人との出会いは大切だなと感じます。（後略）

本当に嬉しいメッセージで，これを読んで胸が一杯になりました。

本書刊行にあたり，いろいろな方々にお世話になりました。
　まずは，本書の刊行を強く進めてくださった山口の中村健一先生。彼の後押しがなければ本書の刊行はありませんでした。
　そして，教育新聞（教育新聞社）紙上の連載の本書への転載を心よく認めて下さった教育新聞社の佐々木信郎氏。
　さらに，これまでに担任した子どもたち，一人ひとりかけがえのない大切な教え子です。この子たちは，私の拙い実践を支えてくれました。
　それからサークルのメンバー。このメンバーがいなければ，今の私はありません。月に2回のサークルの例会は，いつも笑いに溢れ，あっという間に時間が過ぎてしまいます。

あとがき

　本書にイラストを入れてくれた妻にも感謝しています。
　さらに読者の皆様にもお礼の気持ちで一杯です。おびただしい数の教育書がある中で，本書をお選びいただき，本当にありがとうございました。お読みいただいてのご意見，ご批判をいただければ，なお嬉しく思います。
　最後になりましたが，本書は黎明書房の武馬久仁裕様のお計らいがなければ，こうした形で世に出ることはありませんでした。
　一節を書き上げるごとに，目を通していただき，細部にわたるまで，きめ細かにアドバイスをいただきました。
　それを何度も繰り返しながら，一歩ずつ確実に，そして丁寧に書き上げていきました。
　そうして出来上がったのが，本書です。
　ただただ感謝の気持ちで一杯です。心より御礼を申し上げます。
　ありがとうございました。

　いろいろな方々のおかげで，本書を刊行することができました。まだまだ力不足の私ですが，これからも，子どもの心をつかむ努力を続け，残りの教師人生も輝かせていきたいと意を新たにしております。

　平成 28 年 8 月 31 日　夏休み終了，晩夏，
　　　　　つくつくぼうしの鳴き声に包まれて……

古　川　光　弘

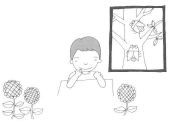

著者紹介

古 川 光 弘

昭和 37 年 6 月 8 日兵庫県生まれ。
神戸大学教育学部初等教育学科卒業。
現在，兵庫県赤穂市立尾崎小学校教頭。
＊「教材・授業開発研究所」ＭＬを主宰する。
＊サークルやまびこ所属
『子どもの心をどうつかむか』を生涯のテーマとし，日々の実践にあたる。
教職経験年数は 31 年目。これまで 30 年間の教室実践の足跡は，400 本を超える雑誌論文や著書・共著などにまとめ発表している。
　（Mail）furu1962@meg.winknet.ne.jp
　（ブログ）http://blogs.yahoo.co.jp/na6sho3
【著書】
『子どもの心をどうつかむか』（1997 年）
『1 年生の授業　10 分間パーツ教材で集中力を高める』（2003 年）
『6 年生の学級経営　絶対成功する年間戦略』（2006 年）
『学級づくり成功の原則　魔法のアイデア 50 選』（2013 年）
　　　　　　　　　　　　　　　　　　　（以上，明治図書）
＊イラスト・古川洋子

「古川流」戦略的学級経営　学級ワンダーランド計画

2016 年 12 月 1 日　初版発行

著　　者	古　川　光　弘	
発 行 者	武　馬　久仁裕	
印　　刷	藤原印刷株式会社	
製　　本	協栄製本工業株式会社	

発 行 所　　　　　株式会社　黎 明 書 房

〒 460-0002　名古屋市中区丸の内 3-6-27　EBS ビル　☎ 052-962-3045
　　　　　　FAX052-951-9065　振替・00880-1-59001
〒 101-0047　東京連絡所・千代田区内神田 1-4-9　松苗ビル 4 階
　　　　　　☎ 03-3268-3470

落丁本・乱丁本はお取替えします。　　　　　　ISBN978-4-654-01937-3
Ⓒ M.Furukawa　2016, Printed in Japan
日本音楽著作権協会（出）許諾第 1612721‐601 号承認済

中村健一編著　　　　　　　　　　　　　　　　　　　B5・87頁　1900円
担任必携！　学級づくり作戦ノート
学級づくりを成功させるポイントは最初の1ヵ月！　例を見て書き込むだけで，最初の1ヵ月を必ず成功させる作戦が誰でも立てられます。作戦ノートさえあれば，学級担任のつくりたいクラスにすることができます。

中村健一著　　　　　　　　　　　　　　　　　　　　B5・62頁　1650円
クラスを「つなげる」ミニゲーム集BEST55＋α
クラスをたちまち1つにし，先生の指示に従うこと，ルールを守ることを子どもたちに学ばせる，最高に楽しくておもしろい，今どきの子どもたちに大好評のゲーム55種を厳選。

中村健一著　　　　　　　　　　　　　　　　　　　　A5・171頁　2200円
つまらない普通の授業に子どもを無理矢理乗せてしまう方法
準備をしなくても，年間1000時間の授業に子どもたちを飽きさせず，軽々と乗せてしまう教育技術のすべてを紹介。「子どもたちを動かしながら説明しよう」「発問には選択肢を入れる」等，読んだ次の日から取り入れられるワザが満載。

中村健一編著　教師サークル「ほっとタイム」協力　　　B6・97頁　1300円
健一中村の絶対すべらない授業のネタ78
教師のための携帯ブックス⑰　「三角定規にあだ名をつけよう」「お札は磁石にくっつくか」「地図記号神経衰弱」など，つまらない授業がたちまち楽しくなる，国語，算数，理科，社会の授業のネタと，いろいろな場面で役立つグッズを紹介。

多賀一郎著　　　　　　　　　　　　　　　　　　　　A5・147頁　1900円
全員を聞く子どもにする教室の作り方
人の話を聞けるクラスにすれば，学級崩壊もなくなり，学級も授業も飛躍的によくなります。聞く子どもの育て方を，具体的に順序だてて初めて紹介した，教室づくりの決定版。

多賀一郎著　　　　　　　　　　　　　　　　　　　　A5・128頁　1800円
多賀一郎の荒れない教室の作り方
「5年生11月問題」を乗り越える

学級の荒れのピークである「5年生11月」に焦点を当て，5年生の荒れを深く考察する中で，全ての学年に通ずる「荒れ」に対する手立てや予防法，考え方を紹介。

多賀一郎著　　　　　　　　　　　　　　　　　　　　A5・132頁　1800円
今どきの1年生まるごと引き受けます
入門期からの学級づくり，授業，保護者対応，これ1冊でOK

1年生の担任を何度も経験した著者が1年生やその保護者への関わり方を丁寧に紹介。子どもの受け止め方や授業の進め方など，1年を通して使える手引書です。

表示価格は本体価格です。別途消費税がかかります。

■ホームページでは，新刊案内など，小社刊行物の詳細な情報を提供しております。「総合目録」もダウンロードできます。　http://www.reimei-shobo.com/

友田真著　　　　　　　　　　　　　　　　　　A5・134頁　1800円
子どもたちの心・行動が「揃う」学級づくり
> 子どもたちの心と行動が「揃う」と学級が一つにまとまります。3つの「揃う」（物などの置き方が「揃う」，学級の○○ができるレベルが「揃う」他）にこだわった指導と，授業での学級づくりも意識した指導を詳述。

前田勝洋著　　　　　　　　　　　　　　　　　A5・143頁　1700円
教師であるあなたにおくることば
「実践する知恵とワザ」をみがく
> 40年の教師生活を経てつかんだ，子どもたちを真摯に育てる学級経営・授業の「知恵あるワザ」を収録。教師として行き詰った時に読むことばの「くすり」。

山田洋一著　　　　　　　　　　　　　　　　　A5・144頁　1800円
気づいたら「忙しい」と言わなくなる教師のまるごと仕事術
> 多忙を極める教師のために「時間管理」「即断」「環境」「人間力向上」「道具」「研鑽」「思考」について，今すぐにでも実践したい数々の技術・心構えを詳述。忙しさから解放され，仕事も充実！

大前暁政著　　　　　　　　　　　　　　　　　四六・148頁　1500円
仕事の成果を何倍にも高める教師のノート術
> ノートを使った授業細案の書き方，学級開きやイベントの計画の立て方，会議におけるノートの取り方，初任者研修ノートの書き方などを解説。今すぐ誰でもでき，仕事の成果を何倍にも高めることができる極めつきを達人教師が公開。

中條佳記著　　　　　　　　　　　　　　　　　B5・65頁　2300円
CD-ROM付き　授業や学級経営に活かせる
フラッシュカードの作り方・使い方
> 国語・算数・理科・社会・音楽・道徳や給食指導などで，子どもたちが楽しみながら基礎的な知識を習得できるフラッシュカードの作り方，使い方を紹介。

蔵満逸司著　　　　　　　　　　　　　B5・86頁（オールカラー）　2300円
教師のためのiPhone& iPad超かんたん活用術
> iPhoneやiPadを，授業や普段の教師生活等に活かせる超かんたん活用術を紹介。電子機器の苦手な人も，操作や基本の用語の丁寧な解説ですぐに授業に取り入れられます。授業や特別支援教育に役立つアプリの情報も。教師必読の書！

蔵満逸司著　　　　　　　　　　　　　　　　　B5・86頁　1900円
特別支援教育を意識した小学校の授業づくり・板書・ノート指導
> 発達障害の子どもだけでなく，すべての子どもの指導をより効果的で効率的なものにするユニバーサルデザインによる学習指導のあり方を，授業づくり・板書・ノート指導に分けて紹介。

表示価格は本体価格です。別途消費税がかかります。